독서법이
잘못됐습니다

JIKOKOUTEIKAN WO AGERU
OUTPUT DOKUSHOJUTSU

© ABATARO 2021

Originally published in Japan in 2021 by
CROSSMEDIA PUBLISHING CO., LTD.,TOKYO.
translation rights arranged with CROSSMEDIA PUBLISHING CO., LTD.,TOKYO,
through TOHAN CORPORATION, TOKYO and Eric Yang Agency, Inc., SEOUL.

아바타로 지음 · 우다혜 옮김

독서법이 잘못됐습니다

필름

한 권을 읽더라도 제대로 읽는
아웃풋 독서법

일러두기

본문에서 언급한 외서 단행본 중 국내에 출간된 도서는
국역본 제목으로 표기했습니다.

지금부터 너는 여행을 떠날 거야.

계속 여기에 머물러 있으면 안 되겠지.

자, 지금 네가 쥐고 있는 책을 펼쳐봐!

그대로 빛이 비치는 방향으로 똑바로 걸어가는 거야.

독서는
가장 큰 선물

"사람은 독서를 통해 스스로를 지키고, 인생을 좋은 쪽으로 이끌 수 있다."

이것이 이 책에서 가장 전달하고픈 메시지입니다. 그리고 이를 실현하기 위해 제일 중요한 행동은 읽은 책을 '아웃풋OUTPUT' 하는 것으로, 그 방법론을 상세하고 구체적으로 설명하는 것이 이 책의 역할입니다. 어쩌면 지금 이 책을 손에 쥔 당신은 왜 독서를 권하는지 이해할 수 없을지도 모르겠습니다. 우선 이 주제를 고른 이유와 거기에 담긴 의미에 관하여 3가지로 설명하겠습니다.

먼저 첫 번째는 독서를 통해 자신의 소중함을 스스로 깨달을 수 있다는 사실을 전달하고 싶기 때문입니다. 이 말은 책을 읽기만 하면 누구라도 확실하게 자신감으로 충만해진다는 뜻은 아닙니다. 어떤 책을 고르고, 어떻게 읽어나갈 것이며, 어떠한 행동을 취할 것인가에 따라 높아지기도 하고 낮아지기도 합니다.

따라서 아무렇게나 읽는 것이 아닌, 인생의 질을 높여줄 법한 방식으로 책과 사귀어야 할 필요가 있는 것이지요. 이 책은 스스로를 긍정하지 못해 괴로워하는 사람을 대상으로 한 독서 가이드이기도 합니다.

이어서 두 번째는 저는 독서를 통해 자존감을 회복하면서 최대 성공을 체험했기 때문입니다. 저는 학생 때부터 현재에 이르기까지 약 20년간 고전에서 최신 비즈니스 서적까지 폭넓은 장르의 서적을 탐독해 왔습니다. 그 경험은 분명 지금 하고 있는 일에 대한 사고방식과 커리어를 구축하는 데에 커다란 도움이 되었습니다.

독서를 통하여 제가 얻은 가장 큰 기쁨은 20대 중반까지 쭉 밑바닥에 머물러 있던 감정이 정상적인 수준까지 돌아온 것입니다. 업무 환경이나 생활환경이 아무리 개선되었다 할지라도 이보다 좋은 성공 체험은 없었습니다.

- 초등학생 시절엔 항상 형과 비교당하며 공부든 스포츠든 모든 영역에서 자신감 상실
- 중고등학생 시절엔 친구를 사귀지 못하고 심각한 따돌림에 시달리다 등교 거부
- 사회생활 3년 차엔 상사에 의한 직장 내 괴롭힘을 견디지 못하고 우울증 발병

이 사언들은 저의 인생을 송두리째 빼앗아간 흑역사입니다. 하지만 지금은 독서 덕분에 과거의 트라우마나 열등감에서 해방되어, 있는 그대로 저의 모습으로 일상을 살아갈 수 있게 되었습니다.

마지막으로 세 번째는 스스로에 대한 확신이 없어 고민하는 사람에게 힘이 되고 싶습니다.

- 불완전한 자신에게서 가치를 발견할 수 없다
- 나라면 분명 할 수 있으리라는 자신감을 지니고 있지 않다
- 있는 그대로의 자기 모습을 받아들이기 어렵다

이와 같은 정신 상태로 계속 살아가는 것이 얼마나 괴로운 일인지 밑바닥에서 탈출한 지금도 제 몸은 기억하고 있습니다. 같은 아픔으로 힘들어하는 사람을 위해 내가 지금 할 수 있는 일은 무엇일까? 그렇게 매일같이 고민하고 깊이 연구하여 나온 결과물이 바로 이 책입니다.

독서는 인간의 사고와 행동을 바꾸어 인생을 뒤집어버릴 만큼 '강력한 마력'을 불러들일 수 있습니다. 이는 변치 않는 사실이며, 누구라도 그 힘을 제대로 발휘할 수 있다면 인생을 극적으로 바꿀 수 있다고 저는 확

신합니다.

다음으로 왜 보통의 독서법이 아닌 아웃풋 독서법인가에 관한 이유에 대해서도 말씀드리겠습니다. 결론부터 말하자면 인간은 아웃풋을 통해 자신의 인생에 첫 변화를 일으키기 때문입니다. 자세한 내용은 제2장에서 언급하겠지만 중요한 포인트는 독서를 하는 행위 자체가 아닌, 어떠한 독서를 할 것인가에 있습니다.

지금까지 인풋INPUT만으로 독서를 하신 분들이라면, 이 책에 쓰여 있는 아웃풋 방법을 실천함으로써 차츰차츰, 그리고 확실하게 눈에 들어오는 세계가 달라지는 것을 실감하실 것입니다. 그러한 반면 여태껏 그다지 독서를 하지 않으셨던 분들이라면 책과 사귀는 법에 대한 여러 가지 불안을 안고 있을 것입니다.

- **어떻게 책을 골라야 할지 모르겠다**

- **만에 하나, 잘못된 책을 사버리면 어쩌나**

- **도중에 질려서 읽다가 그만둘 것만 같다**

• 애초에 책 읽는 방법 자체를 잘 모르겠다

안심하십시오. 괜찮습니다. 이 책은 독서가 낯선 사람이 어떤 부분을 난감해 하고, 어느 지점에서 곤란해 하는지 철저한 조사를 바탕으로 만들었습니다. 책을 고르는 법, 읽는 법, 아웃풋 실천법까지 독서에 관한 모든 과정을 가시화하였고, 곧바로 적용할 수 있는 노하우와 테크닉까지 아낌없이 담았습니다. 분명 앞으로 독서를 하면서 다양한 의문이 생길 텐데, 일단 심호흡을 하고 마음을 안정시킨 다음, 이 책에서 힌트를 찾아보시면 좋을 듯합니다. 각 장별 내용 구성은 아래와 같습니다.

제1장은 책을 읽는 행위가 어째서 당신의 인생에 플러스로 작용하는지를 설명해나가는 파트입니다. 제2장에서는 아웃풋의 기본 원칙이나 주의점 등을 해설합니다. 여기서 아웃풋 독서법을 충분히 익혀 기본을 탄탄히 합니다. 제3장에서는 독서의 준비부터 아웃풋을

하기까지의 일련의 흐름과 테크닉에 관해 소개합니다.
이미 독서 습관을 들이신 분은 3장부터 읽기 시작하셔
도 좋지 않을까 싶습니다. 제4장은 인터넷이나 세간의
평판에 휘둘리지 않고 자신에게 필요한 서적을 손에 넣
는 비결을 제시합니다. 보통 여기서 질문을 가장 많이
받기 때문에 자세하게 다루고 있습니다. 제5장에서는
책에서 얻은 정보를 어떻게 정리하고 흡수하는지, 그 비
법을 전달합니다. 만일 책을 읽던 중간에 그만두게 되거
나 불안해진다면 다음의 3가지 문구를 떠올리십시오.

- 한 페이지씩이라도 괜찮다
- 전부 읽지 않아도 괜찮다
- 다 기억하지 않아도 괜찮다

무엇보다 '당신만의 속도'가 중요합니다. 저는 당신
옆에서 때로는 응원하고, 때로는 휴식을 취하게끔 하며
끝까지 지원할 생각입니다. 그러니 부디 안심하시길. 그

럼 드디어 진짜 자신을 재발견하는 여행을 시작하겠습니다. 이 책이 인생을 단단하게 살아가고 싶은 모든 사람에게 힘이 되길 기원합니다.

차례

프롤로그 | 독서는 가장 큰 선물   006

제1장

똑똑한 독서법은 평생의 무기가 된다

독서는 식사다   021

가성비 최고의 자기 투자   026

고민과 스트레스를 해소하는 만병통치약   031

꿈의 방향을 일러 주는 인생의 나침반   035

독서에 관한 3가지 오해   038

바쁜 사람일수록 독서를 하는 이유   042

읽은 내용이 머릿속에 남지 않는 이유   046

아웃풋은 훈련이다   050

끈기 없이도 마음대로 읽을 자유   054

독서와 멀어진 지금이 기회다   057

제2장

왜 책을 읽으면 금방 지루해질까?

아웃풋 과정이 무한한 가능성을 일깨운다　063

남들이 몇 권을 읽든지 간에　068

지금 당장 아웃풋 독서법을 시작해야 하는 이유　073

책에 자신의 흔적을 적극적으로 남기기　079

독서 기록이 자신감을 기른다　081

꾸준히 읽는 비결, 쉽게 깨지지 않는 독서 루틴　086

책을 제대로 읽는 아웃풋 독서법 4단계　090

자기 의견이 없을 때의 대처법　094

자투리 시간을 활용하는 루틴 만들기　100

아웃풋을 일상으로　104

제3장

많이 읽는 것이 아니라 제대로 읽어야 한다

시야를 디자인하다　111

표지와 띠지와 차례로 세워보는 가설　116

언어의 온도를 느껴라　120

태클 걸기 모드로 전환하기   128

주체적으로 책을 읽는 3가지 기술   131

포스트잇은 3장으로 제한하기   135

A4용지 한 장으로 다듬기   140

사고의 깊이를 더하는 주고받기식 대화   144

독서 모임으로 새로운 관점에 눈을 뜨다   147

세상을 넓혀 주는 플랫폼   149

제4장

어떤 책을 골라야 할지 모르겠다면

세계 제일의 투자가에게 배우는 책 선택법   157

책 선택은 나를 아는 것부터   160

읽어야 하는 책의 예산 정하기   165

리스크 분산형 구매   168

무뎌지지 않는 직감을 유지하는 기술   175

추천 기능으로 선택지 좁히기   178

남독할 것인가, 단독할 것인가   181

빠른 효과의 덫   185

고전에 실패는 없다   187

제5장

책을 내 것으로 만들고 싶어요

독서는 자기 형성이다 195

정보의 균형 잡기 197

저자의 표현력 훔치기 206

아이디어 소재를 머릿속에 담다 209

인생의 사례 연구를 축적하다 211

섬세한 마음의 미동을 피부로 느끼다 215

시대의 문맥 장착하기 218

책과 인터넷을 어떻게 구분해서 사용할까 221

난해한 책을 공략하는 비결 224

마무리할 시간을 의식하라 231

에필로그 | 상상조차 할 수 없던 인생의 문을 여는 독서 236

제1장

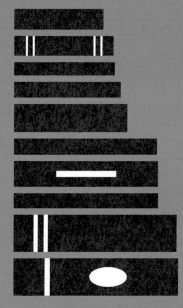

똑똑한 독서법은
평생의 무기가 된다

독서는 식사다

자, 당신은 독서에 관하여 어떤 이미지를 가지고 계십니까?

- 공부의 연장선 같고 어쩐지 귀찮음
- 인터넷을 하는 편이 빠르고 독서는 비효율적임
- 읽고 있으면 금방 싫증이 나고 지루함

이런 반응은 제가 과거에 지녔던 독서에 대한 이미지인데 어떠십니까? 덧붙여서 말씀드리면 이 아웃풋 독서법에서 독서는 '식사에 가까운 행위'로 자리매김을 하고 있습니다. 음식에는 영양, 식감, 맛 등의 요소가 있습니다. 그리고 우리는 그 음식을 치아로 쪼개고 혀로 맛보며 소화기관으로 내려보냅니다.

책도 마찬가지입니다. 감상하는 맛이 깊은 책과 담백한 책, 문장이 정리되어 읽기 쉬운 책과 너무 딱딱해서 머리에 들어오지 않는 책, 곧바로 활용할 수 있는 책과 평생 가도 쓸모가 없는 책. 이렇듯 다양한 성격의 책이 있습니다. 그리고 우리는 그 책이 지닌 맛과 식감, 영양 등을 뇌로 음미하며 피가 되고 살이 되게 합니다. 그렇다면 독서를 이해하기 위해 무엇보다 먼저, 아래 3가지를 짚고 넘어가야 할 필요가 있습니다.

- 영양가 높은 양질의 식자재(책)를 고르는 법
- 구비된 식자재(책)를 맛있게 먹을 조리 방법
- 식자재(책)에 함유된 영양에 관한 지식과 효율적으로 흡수시키기 위한 궁리

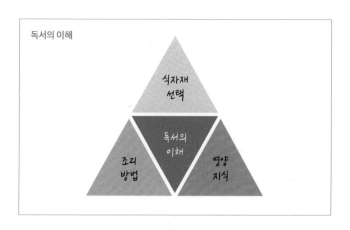

독서의 이해

식자재 선택

독서의 이해

조리 방법

영양 지식

뒤집어 생각하면, 이 내용들을 모르면 독서는 그저 성가시고 비효율적인 작업이 되고 맙니다. 결국 위의 세 가지 요소를 골자로, 어떻게 하면 책이 지닌 유효 성분을 효율적으로 흡수하면서도 효과적인 자기 성장을 도울 것인지를 궁리하여 탄생한 방법, 그것이 아웃풋 독서법인 것입니다.

인간은 식사를 하지 않으면 살아갈 수 없습니다. 그러한 반면 인간은 책을 읽지 않아도 살아갈 수는 있습니다. 그렇다면 우리가 책을 읽는 행동의 의미는 무엇일까요? 저는 크게 3가지 의미가 있다고 생각합니다.

첫 번째는 자신의 역량을 향상시키기 위해서입니다. 예를 들어 양질의 비즈니스 서적을 읽으면 그 분야의 전문가가 오랜 시간에 걸쳐 쌓아온 식견과 노하우를 얻을 수 있습니다. 그리고 인터넷 정보와는 달리 엄격한 편집 과정 등을 거쳤기 때문에 정보 매체로서의 신뢰성이 높아 학습에 가장 적합합니다.

스스로 습득한 지식이 눈에 보이는 성과로 이어지면 그 경험은 자신감으로 연결됩니다. 또 그렇게 얻은 자신감은 더욱 좋은 결실을 맺게 하는 원동력이 됩니다. 결국 책은, 인생 전체의 역량을 강화하기 위한 '에너지'를 공급해주는 요인이 됩니다.

두 번째는 인생의 위험을 최소화하기 위해서입니다. 인생에는 건상이나 업무, 금전적인 문제 등 다양한 위험이 존재합니다. 물론 그 위기들을 전부 피할 수는 없지만 개중에는 지식으로 모면할 수 있는 요소도 분명 있을 것입니다. 예를 들면 역사서나 철학서에는 수많은 실패와 좌절을 맛본 선인들의 지혜가 가득합니다. 그 내용들은 우리가 인생에서 큰 손해를 입지 않도록 돕는 지략과 마음 둘 곳이 없다고 느껴질 때 다시 일어서게 하는 힘을 선사해줍니다. 즉, 책이란 인생의 온갖 위험에 맞서기 위한 '면역'을 형성해주는 역할을 합니다.

세 번째는 긴 인생을 온전히 즐기기 위해서입니다. 여러 장르의 책을 읽으며 얻게 된 지식, 갈고닦은 감성은 일생의 자산이 되어 당신의 삶을 풍성하게 채웁니다. 독서를 통해 진정한 교양을 축적해온 사람은 영화를 보아도, 음악을 들어도, 여행을 떠나서도 깊이 있는 즐거움과 감동을 경험할 수 있습니다. 이는 선조들의 지혜를 접하면서 풍부한 어휘나 개념을 보다 많이 간직하고 있기 때문입니다. 결국 책은 삶의 어느 시기에서든지 인생을 충실하게 즐길 '양분'을 제공해줍니다.

우리는 인생 100세 시대를 살아가야 하는 장거리 달리기 선수입니다. 그렇기에 자신의 실력 향상, 선수 생명을 위협하는 리스크의 예방, 또 현역 생활을 얼마만큼 길고 내실 있게 유지할 수 있을지를 끊임없이 생각하며 꾸준히 관리해야 할 필요가 있습니다. 그 토대를 세워가는 일이 독서라는 '식사'이며, 독서가 쌓이면 마음의 소신을 가진 단단한 자신, 다시 말하자면 자존감으로 충만한 자기 자신을 형성해나가게 됩니다.

가성비 최고의 자기 투자

자기 형성에 영향을 주는 것이 비단 독서뿐인 것은 아닙니다. 인터넷을 사용하는 것도, 여행을 떠나는 일도, 누군가와 이야기를 하는 행위도 모두 자기를 만들어가는 중요한 요인이라고 할 수 있습니다.

나반, 그중에서도 책을 '주식'으로 삼으시기를 강력하게 추천하는 가장 큰 이유는 가성비가 압도적으로 높기 때문입니다. 책에 적혀 있는 정보는 자신이 아닌 다른 누군가가 몇 년이나 시간과 돈을 들이고 노력하여 얻은 학식의 집합체입니다. 그것을 고스란히 나에게 적용한다고 생각하면, 자기 투자로 이토록 합리적인 방법은 없을 것입니다.

더 말할 것도 없이 인생에는 시간제한이 있습니다. 그리고 우리는 돈과 시간이라는 한정된 귀중한 자산을 때로는 '낭비'하거나, 때로는 '투자'하며 살아갑니다. 낭비란 시간이나 돈을 쓸데없이 써버리는 것인 반면, 투자란 무엇인가 되돌아올 것을 기대하며 시간과 돈을 사용하는 것입니다.

그런 의미에서 책을 사는 행동도, 책을 읽는 행동도 인생의 투자 활동 중 하나라고 말할 수 있겠습니다. 물론 투자를 한 이상, 그 이상의 경제적·정신적 보상을 얻는 것이 중요합니다. 덧붙이자면 투자의 신으로 불리는 워런 버핏은 업무의 80퍼센트 시간을 독서와 사색에 할애한다고 합니다. 곧 그의 시간 활용법이야말로 독서가 투자임을 나타내는 증거가 됩니다.

투자의 대원칙이라고 하면 '저위험 저수익, 고위험

고수익low risk low return, high risk high return'이라는 사고방식이 있지요. 그런데 독서라는 투자 활동만큼은 이 대원칙에 부합하지 않습니다. 요컨대 리스크를 거의 떠안지 않고도 안전하고 확실하게 수익을 노릴 수 있다는 말(즉, 저위험 고수익도 가능)입니다.

예를 들어 비즈니스 서적에 적힌 내용과 완전히 동일한 내용을 전문가에게 세미나나 강좌 등을 통해 직접 지도 편달 받았다고 해 봅시다. 이 또한 시간과 비용이 들어간 이상, 투자에 해당합니다. 비용으로 따지면 아마 수만, 수십만 엔은 발생할 것입니다.

반면 비즈니스 서적의 가격은 어떻습니까. 대략 1,500엔 전후로 팔리고 있고, 비싸더라도 2,000엔 정도입니다. 게다가 자신과 맞지 않으면 플리마켓 등으로 되팔면 그만이니 잘못 산 책 한 권의 경제적 손실은 수백 엔 정도밖에 발생하지 않습니다. 또 시간적인 면에서도 마찬가지입니다. 당신의 귀중한 시간을 들이는 일인 만큼 그에 걸맞은 정보를 얻지 못하리라고 판단된다면,

즉시 읽기를 멈추고 손해를 보더라도 팔면 됩니다. 즉, 독서에 의해 발생하는 경제적, 시간적 리스크는 미미하기에 스스로 주도권을 쥐고 컨트롤할 수 있습니다.

그렇다면 이제 독서로 얻을 수 있는 이익은 어떨까요? 사실 이에 관해서도 책 고르는 방법, 책 읽는 법, 기억으로 남기는 기술 등을 연구함으로써 얼마든지 조절할 수 있습니다. 책에서 얻는 이익은 본인이 어떻게 하느냐에 따라 무한대로 극대화시킬 수 있습니다. 예를 들어 책에 적혀 있는 정보에서 새로운 깨달음을 얻은 덕분에 상상도 못한 연 수입을 달성한 사람, 또는 전혀 다른 분야의 길을 개척하여 큰 성공을 거둔 사람과 같은 사례는 일일이 다 열거할 수 없을 정도입니다.

또 독서라는 행위는 집중력을 동반하는 지적 활동입니다. 원치 않더라도 뇌에 부하가 걸리기 때문에 비즈니스나 일상생활에 도움이 되는 사고력, 독해력과 같은 다양한 근력이 자연스럽게 길러집니다. 그 덕분에 이제까지의 자신으로서는 도저히 불가능했던 커다란 성

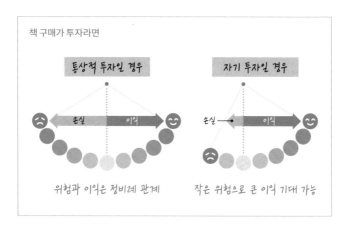

책 구매가 투자라면

통상적 투자인 경우

손실 ← → 이익

위험과 이익은 정비례 관계

자기 투자인 경우

손실 → 이익

작은 위험으로 큰 이익 기대 가능

과, 눈에 보이는 성장을 실감하게 될 것입니다. 더욱이
그러한 성공 체험은 확고한 자신감으로 이어져, 다음 성
공 체험을 일으키는 원동력이 됩니다. 결국 책을 '주식'
으로 추천하는 이유는 투자 대상으로 무척 성과가 좋기
때문입니다.

고민과 스트레스를 해소하는 만병통치약

책은 자기 형성에 없어서는 안 될 영양 만점 식자재 이면서 동시에 인간의 마음속 상처를 치료해주는 '약'이 기도 합니다. 혹 당신은 과거에 아래와 같은 경험을 한 적 없으십니까?

- 직장 내 인간관계를 잘 맺지 못해서 생긴 스트레스가 너무 많이 쌓여 괴로움
- 스마트폰을 볼 때마다 다른 사람과 자신을 비교하는 탓에 자신감을 상실함
- 누군가에게 도움이 되고 있다는 실감을 하지 못해 자신의 가치를 발견할 수 없음

만약 이러한 고민으로 괴로워하고 있다면 혼자서 끙끙대지 말고, 책의 약효에 기대보는 것도 자신의 정신 건강을 보호하는 데 있어서 중요한 선택지 중 하나입니

다. 우리가 어떠한 마음 상태를 지녔을지라도, 분명 그에 합당한 책이 존재하기 때문입니다.

자신이 떠안고 있는 인간관계의 고민에 대한 효과적인 해결책이 정리되어 있는 책, 자신과 꼭 닮은 걱정과 근심을 지니고 있지만 필사적으로 살고자 하는 인물의 모습이 그려진 책, 자신이 듣고 싶었던 말을 가감 없이 내뱉어주는 책. 이처럼 자기 마음속 고민과 스트레스를 날려주는 책은 찾아보면 얼마든지 있습니다. 그러니 망설이지 말고 책의 약효 성분을 자꾸자꾸 섭취하면 됩니다.

어쩌면 '책에서 도움을 얻다니 부끄럽다.' '그런 걸로 상처가 아물 리가 없다.'고 생각하시는 분이 있을 지도 모르겠습니다. 이쯤에서 책의 치유 효과에 관해 조금 더 자세히 이야기하고자 합니다.

비브리오세라피라는 말을 아십니까? 이는 독서치료라는 말로, '사람들이 지닌 문제의 해결을 책으로 돕는 기법'을 뜻합니다. 비브리오세라피라는 단어 자체는

20세기 전반에 탄생했는데, 2013년에 영국의 건강보험 공단 NHS가 처음 언급하면서 크게 주목을 끌었습니다. 비브리오세라피는 실제로 의사가 우울증 등의 정신 건강 질환을 앓는 환자를 대상으로 약이 아닌 그 사람에게 맞는 책을 처방하는 것입니다. 그리고 환자는 약국이 아닌 도서관으로 가서 의사가 처방한 책을 빌려 읽고 스스로 상처 받은 마음을 치료하는 것이지요.

덧붙이자면 기원전 3년 말경에 건설된 고대 세계에서 학문의 중심적 역할을 담당했던 이집트의 알렉산드리아 도서관 입구에는 '영혼을 치료하는 장소'라는 문자가 새겨져 있었다고 합니다. 결국 인류가 책으로 마음의 구원을 바라던 행위는 예나 지금이나 변함없는 보편적인 일인 것입니다. 또, 독서가 인간의 건강에 어떠한 영향을 끼치는가에 대해서도 지금까지 많은 과학적 검증이 이루어져 왔습니다.

미국의 예일 대학교에서는 2016년 '독서와 장수의 관련성'에 관한 흥미로운 연구 결과를 발표했습니다. 결론부터 말하면, 1주일에 최대 3시간 반의 독서를 하는 사람은 책을 읽지 않는 사람과 비교하여 조사 개시 시점부터 12년 후의 사망률이 17퍼센트나 낮았고, 3시간 반 이상 독서를 하는 사람은 사망률이 23퍼센트나 낮았습니다. 게다가 수명에서도 독서를 하는 사람은 독서를 하지 않는 사람에 비해 평균 2년 정도 오래 사는 것으로 나타났습니다. 책을 읽는 행위는 인생 자체를 풍성하게 할 뿐만 아니라 인생의 길이조차 바꿔버릴 정도의 효과를 기대하게 한다는 뜻입니다.

TV나 인터넷은 그저 수동적으로 정보가 눈으로 날아 들어오는 것에 반해, 책은 자신이 능동적으로 정보를 찾아내는 행동입니다. 즉, 머리를 써서 '사고'하지 않으면 독서라는 행위는 성립되지 않습니다. 그리고 사고하는 목직은 사기 나름의 해답을 찾는 것이므로 답이 없는 문제를 놓고 괜한 씨름을 하는 것과는 본질적으로 다릅니다. 따라서 독서 시간이 늘어날수록 사고하는 시간이 늘어나고, 결과적으로 고민할 틈마저 사라져 갑니다.

꿈의 방향을 일러 주는 인생의 나침반

젊은 청년들을 중심으로 미래의 꿈이나 목표를 찾지 못해 헤매고 있는 이들이 많다고 합니다. 그럴 때일수록 독서를 통해 활로를 발견해 나갔으면 합니다. 하고 싶은 일을 발견하지 못하는 상태가 오래 지속되면, 무심코 자신을 질책하거나 지인과 비교하며 초조해하곤 합니다. 그래서 여행을 떠나거나 세미나를 듣거나 전용 분석 도구를 활용하거나 이런저런 방법으로 인생의 방향성을 확립하고자 노력하지만 그럼에도 해결되지 않는 경우가 실제로는 꽤 있습니다.

그렇다면 어째서 이럴 때야말로 독서를 해야 하는 것일까요? 그 이유는 책을 읽음으로써 자신의 가치관이 명확해지고, 장래의 방향성이 보이기 시작하기 때문입니다. 나에게 있어서 행복한 인생이란 무엇일까? 나의 인생을 통해 이루고 싶은 성과는 무엇일까? 나에게 일이란? 이러한 '자기 내면'에 있는 가치관은 좀처럼 발견하기 어려운 주제입니다. 하지만 책을 읽으면 신기하게 도 드러납니다. 자, 도대체 왜 그럴까요?

바로 인간이라는 생물은 모든 일을 상대적으로 인식한다는 특징을 가지고 있기 때문입니다. 말이 조금 딱딱해서 이미지화하기 어려우신가요? 정말 단순하게 말하면 인간은 모든 일을 비교하고 싶어 하는 존재라는 뜻입니다. 그렇게 하지 않으면 무슨 일이든 정확하게 인식하지 못하기 때문에 비교하고 싶어 한다는 뜻입니다.

신장을 예를 들어 봅시다. 키가 178cm인 남성 A씨 (일본인)의 신장은 큰가요? 작은가요? 당신이 이 질문을 받았다면 뭐라고 대답하시겠습니까? 분명 대답하기 어렵지 않을까요? 20세 이상 일본인 남성의 평균 신장인 170cm와 비교하면 A씨는 키가 큰 사람입니다. 그러나 평균 신장이 180cm를 넘는 네덜란드인과 비교하면 A씨는 키가 큰 사람이 아닙니다. 어떠십니까? 위의 내용은 어디까지나 예시일 뿐이지만, 이렇듯 인간은 무언가와 비교함으로써 모든 일을 바르게 인식하고자 합니다.

결국 당신 자신의 가치관을 알고 싶다면 자신이 아닌 다른 사람의 가치관을 자주 접해 보는 것이 손쉬운 방법입니다. 책을 매개체로 다른 사람들의 인생관, 행복관, 생과 사에 관한 인식과 같은 내면으로 조금씩 접근하는 것입니다.

그러다보면 '글쎄…… 나는 그렇게 생각하지는 않아!' '이 사람의 의견에는 무척 공감이 돼!'와 같이 마음이 반응할 것입니다. 그럴 때 '아, 역시 나는 ○○을 제일 소중하게 여기는 사람이구나.'처럼 자신의 가치관이 무엇인지 깨닫게 되겠지요.

즉, 타인의 가치관은 자신의 가치관을 투영하는 거울과 같습니다. 물론 TV나 인터넷, 누군가와의 수다를 통해서도 자신이 아닌 누군가의 가치관을 파악할 수는 있습니다. 하지만 보다 정확하고, 보다 상세하게 알 수 있는 수단으로 독서를 따라갈 방법은 없습니다.

더욱이 역사 속의 위인, 비즈니스 세계에서 성공을 거둔 인물, 또는 세계적인 아티스트의 가치관을 접하면

많은 가르침과 자극을 받을 수 있지요. 자신의 가치관
이 명확해지면, 인생의 나침반은 자연히 꿈의 방향으로
맞춰질 것입니다.

독서에 관한 3가지 오해

자, 지금부터 할 이야기는 아웃풋 독서법 실천 초
반에 좌절하지 않기 위한 마음가짐에 관한 것입니다. 겨
우 좋은 책을 만났는데 독서라는 행위를 오해한 탓에
책을 싫어하게 되어 버리는 경우가 결코 드물지 않습니
다. 그래서 앞으로 독서 습관을 들이고 싶은 사람을 대
상으로 독서에 관하여 곧잘 하는 3가지 오해를 풀어보
려고 합니다.

먼저 첫 번째는 전부 읽을 필요는 없다는 것입니다.
조금 더 나가자면 전부 이해할 필요도 없고, 전부 기억
할 필요도 없습니다. 아무래도 자신의 돈을 들여 산 이

상, 모조리 깔끔하게 소화해내지 않으면 아깝다는 기분이 들기 쉽습니다. 하지만 아직 독서 습관이 몸에 배지 않은 단계에서 심하게 무리를 해 버리면 '책은 더 이상 아니야.' 라고 생각할 수 있습니다.

중요한 포인트는 자신이 먹고 싶은 음식을 먹고 싶은 만큼만 먹듯이 자신에게 맞는 적당량을 지키는 것입니다. 특히 비즈니스 서적처럼 실용적인 책일수록 되도록 긴장을 풀고 필요한 정보를 골라 취하는 정도의 가벼운 자세로 접근하면 좋습니다. 독서 습관이 잡히면 서서히 독서에 대한 '욕심'이 커지게 되므로 읽는 양도, 읽고 싶다고 생각하게 되는 장르도 자연스레 늘어납니다. 그러니 초조해할 필요는 없습니다.

이어서 두 번째는 많이 읽는다고 좋은 것은 아니라는 것입니다. 이는 '다독＝좋지 않다'라는 뜻이 아닙니다. 앞에서 책을 사는 것도, 책을 읽는 것도 '투자'라고 했던 말을 떠올려 보시기 바랍니다. 책을 많이 읽으려면 시간이 걸립니다. 또 돈이 듭니다. 즉, 책을 대량으로 읽는 행동은 한정된 귀중한 자산을 집중 투하시키는 행위입니다.

따라서 시간과 돈에 여유가 상당히 많은 사람, 또는 독서라는 행위 자체가 너무 즐거워서 어쩔 도리가 없는 사람이라면 모르겠지만, '나는 왜 책을 많이 읽는 걸까?'라는 물음에 자기 나름의 논리가 필요합니다. 무조건 많이 읽어야 한다는 식으로 의식이 흘러가버리면, 다독하는 행위 자체가 목적이 되어 공들인 투자가 실패로 끝나버리고 맙니다. 그러므로 '어느 정도의 양을 읽을 것인가?' 이상으로 '나는 지금, 무엇을 읽어야 하는가?'와 같은 질문을 하고, 그 물음에 답하기 위한 '책 선정 기술'이 중요합니다.

마지막으로 세 번째는 빨리 읽는다고 좋은 것은 아니라는 것입니다. 아웃풋 독서법이 지향하는 바. 그것은 독서를 통해 스스로를 지키고, 인생을 좋은 쪽으로 이끄는 것입니다. 결국 중요한 것은 '책에 녹아 있는 핵심을 얼마만큼 자신의 것으로 흡수시킬 것인가'이지, 얼마나 빨리 먹는가가 아닙니다.

물론 대량의 책을 재빨리 읽고 모두 소화시킬 요령이 있는 사람도 있을 것입니다. 하지만 이 책의 임무는 그러지 못해 곤란해 하는 사람에게 '누구라도 실천 가능한 간단한 방법론'을 제시하는 것입니다. 그리고 무엇보다 '나도 할 수 있다!'라는 작은 성공 체험을 쌓아가며 자존감을 높이고 인생을 호전시킬 계기를 제공하고 싶습니다.

전부 다 읽기, 많이 읽기, 빨리 읽기. 이 세 가지는 모두 독서를 하는 데 있어서 중요한 요소이지만 어디까지나 자존감을 고쳐시키고 인생을 좋은 방향으로 이끌기 위한 수단에 지나지 않습니다. 수단이란 '당신의 목적 달성에 사용되는 방법'인 반면, 목적이란 '당신이 지향하는 바'를 의미합니다. 즉, '목적이 먼저이고, 방법은 나중'입니다. 따라서 본래의 목적만 달성이 된다면 전부 다 읽지 않아도, 많이 읽지 않아도, 빨리 읽지 않아도 괜찮은 것입니다.

이제부터 이 책을 읽어나가다보면 독서하는 다양한 방법을 실제로 보게 될 텐데, 노하우나 테크닉에만 눈길이 갈 것 같다면 경계하시기 바랍니다. 자신이 이루고자 하는 목적은 무엇인가? 이 책이 달성하고자 하는 목적은 무엇인가? 이렇게 서로의 '목적'을 명확히 이해하고 끝까지 본질을 놓치지 않는 태도가 독서를 성공 체험으로 이끌어줍니다.

바쁜 사람일수록 독서를 하는 이유

업무나 개인적인 일로 바쁜 탓에 독서 습관을 꾸준히 들이지 못하는 사례가 적지 않습니다. 하지만 위대한 업적을 이룬 사람의 대부분은 '다사다망한 독서가'입니다. 예를 들면 마이크로소프트의 창업자인 빌 게이츠는 아무리 바쁘더라도 반드시 취침 전 1시간을 독서에 할애하여 연간 50권은 독파한다고 합니다. 역사 속의 인물로는 천재 군략가로 알려진 나폴레옹과 약 260년을 이어온 에도 막부의 기초를 구축한 도쿠가와 이에야스도 꼭 독서 시간을 만들어 선인들의 지혜를 매일같이 쌓았다는 이야기가 있습니다.

이 책의 서두에 독서는 '식사에 가까운 행위'라고 말씀드렸는데, 그들에게도 독서는 틀림없이 식사였다고 말할 수 있겠습니다. 밥을 먹듯이 매일 독서를 쌓음으로써 자기 형성을 촉진하고 위업을 이룰 정도로 자기 자신을 갈고닦은 것입니다.

그렇다면 더없이 공사다망할 성공한 사람이 이렇게까지 독서에 구애되는 이유는 무엇일까요? 그 까닭은 그들이 누구보다도 시간에 대한 '갈증'을 느끼고 있었기 때문입니다. 위대한 업적을 달성하려면 막대한 시간이 필요합니다. 아무리 쓸모없는 시간을 없애고 식사나 수면 시간을 줄인다 하더라도 한 사람에게 주어진 시간에는 한계가 있습니다. 그러니 다른 사람의 삶과 거기서 얻은 슬기를 책을 통해 자신에게 이식하는 것은 현실적인 선택지 중 하나였을 것입니다.

만일 한 저자가 10년에 걸쳐 쌓아 올린 지혜를 정리한 1,000엔짜리 책이 있다고 합시다. 그 책을 한 달만에 읽어냈다면 저자의 10년을 단 한 달과 1,000엔으로 구매한 것이 됩니다. 이 작업이 매일매일 반복되는 상황을 상상해 보십시오. 자신에게 엄청난 변화가 일어나리라는 것을 쉽게 떠올릴 수 있습니다. 그럼 어떻게 해야 바쁜 와중에도 책 읽기를 유지할 수 있을까요?

무엇보다 중요한 점은 독서의 목적을 명확히 하는 것입니다. 모든 성공한 사람은 읽어야 하니까 읽는 식의 막연한 이유가 아닌, 자신이 독서에 기대하는 바가 무엇이고, 무엇을 추구하고 있는지를 분명히 하고 있습니다. 목적이 정해지지 않으면, 당신의 시간은 우선순위가 높은 다른 업무나, 스마트폰을 보는 시간에 밀리게 되고, 정신을 차렸을 땐 책 읽을 시간은 사라져 있을 것입니다. 이런 사태를 막기 위해서라도 반드시 독서하는 의미를 언어화해 두는 작업이 중요합니다.

독서의 목적이 뚜렷해지면 독서 스케줄을 고정해 둡시다. 빌 게이츠가 실천하고 있듯이 독서를 습관화한 사람은 하루 중 어느 타이밍에 책을 읽을지를 미리 정해 둡니다. 출퇴근 시간, 점심 식사 후, 취침 전, 주말 오전 등 자신에게 가장 좋은 시간과 읽고 싶은 책을 정해 두고, 정기적으로 읽기로 약속을 합시다.

개인적으로 추천하고 싶은 방법은 잠들기 전 독서입니다. 자기 전에 스마트폰을 보거나 컴퓨터 작업을 하면 화면에서 방사되는 블루라이트에 의해 자율신경계가 혼란해져, 수면의 질이 떨어진다고 알려져 있습니다. 그러면 다음 날의 생산성이나 움직임이 저하될 우려가 있습니다. 이를 방지하는 차원에서라도 잠들기 전은 독서 시간으로 최적이라고 할 수 있습니다.

또 습관화하기에 만전을 기하고 싶은 사람은 책을 두는 장소를 고정해 봅시다. 예를 들면 출퇴근 시간에 독서를 하기로 결정했다면 통근 가방에 반드시 책을 넣어 두고, 잠들기 전 시간으로 정했다면 머리맡에 반드시 책을 두는 것입니다.

이때 포인트는 큰 어려움 없이 책을 잡을 수 있는 장소, 눈에 잘 띄는 장소에 책을 세팅하여 언제든지 '여기에 책이 있다'는 상태를 만드는 것입니다. 아시다시피 인간이라는 생물은 유혹에 약할 뿐더러 의지력도 무한하지 않습니다. 그렇기에 '오늘은 책 읽기 관둘까?' 하는 괜한 생각이 들기 전에, 반사적으로 책을 손에 쥐지 않을 수 없는 구조를 만들어 두어야 합니다.

읽은 내용이 머릿속에 남지 않는 이유

수고스레 시간과 돈을 들여 책을 읽었지만 대부분이 내용을 잊어버리고 마는 경험은 누구라도 한 번쯤 있지 않으십니까? 그 때문에 책을 멀리하게 되거나, 독서 습관 만들기를 관두거나, 자신감을 잃어버린 분도 있을지 모릅니다.

다만, 이렇게 성가시게 보이는 문제도 원인부터 분석하여 하나하나 신중하게 대처해 나간다면 확실하게 해소할 수 있으니 안심하십시오. 덧붙여 말하자면 그 원인의 대부분은 독서의 인풋과 아웃풋에 있습니다.

인풋에 원인이 있는 경우는, 처음부터 책의 내용이 올바르게 머릿속에 들어오지 않았을 가능성이 있습니다. 만일 짚이는 점이 있다면 아래 3가지 패턴부터 우선적으로 의심해 보시기 바랍니다.

첫 번째는 자신의 흥미나 관심이 적은 분야의 책을 고른 탓에 전혀 기억에 남지 않는 패턴입니다. 분명 다양한 장르에 관심을 두고 식견을 넓히는 것은 훌륭한 일입니다. 그러나 흥미가 없음에도 '유명하니 알아둬야 해.' '저 사람도 읽고 있으니까.'와 같은 외부적인 이유 때문이라면 읽는다 치더라도 거의 다 잊어버리고 맙니다.

가장 우선해야 할 것은 누군가의 감흥이 아닌 나 자신의 흥미와 관심입니다. 흥미의 폭은 관심 있는 주제를 파고 들어가다 보면 자연스럽게 넓어지기 때문에 걱정할 필요 없습니다. 초조해하지 말고 자신이 좋아하는 주제의 책을 선택하면 좋습니다.

　두 번째는 책의 난이도가 너무 높아 뇌에서 정보를 받아들이지 못하는 패턴입니다. 아무리 멋진 말이 쓰여 있는 이름난 저서라고 할지라도 자신이 도저히 이해하지 못하는 책이라면 열심히 암기하려는 시도를 하더라도 일주일 후에는 남김없이 싹 사라집니다. 아웃풋 독서법이 지향하는 독서는 어디까지나 '식사에 가까운 행위'로서 무리하지 않고 꾸준히 지속하기를 권합니다.

　기억에 전혀 남지 않을 만큼 난이도가 높은 내용이라면, 진도를 빼지 말고 망설임 없이 내려놓아야 합니다. 나중에 얼마든지 도전할 기회가 있으니 미련 없이 자신의 힘으로 소화할 수 있는 범위 내의 책을 고릅시다.

　세 번째는 집중력이 떨어진 상태에서 읽는 바람에 기억하지 못하는 패턴입니다. 독서는 집중하지 않으면 아무리 흥미와 관심을 지닌 책을 읽고 있다 할지라도 기억에 남기 힘든 일입니다. 그러므로 만약 집중력에 문제가 있다고 한다면 집중력 회복을 위한 별도의 대책을 마련할 필요가 있습니다. 구체적인 방법은 제3장에서 차분하게 다뤄보겠습니다.

단, 관심 있는 주제인데다가 난이도도 자신에게 알맞고 집중하여 읽었는데도 한 달 뒤에는 전혀 기억하지 못하는 경우가 있습니다. 이럴 때는 인풋이 아닌 아웃풋 방법에 원인이 있다고 볼 수 있지요.

인간의 기억은 크게 '단기 기억'과 '장기 기억'의 두 가지로 구분할 수 있습니다. 참고로 이를 '이중 저장 모델'이라고 합니다. 구체적으로 설명하면, 우리의 눈, 코, 입과 같은 감각 센서가 파악한 정보 중에 중요한 정보는 단기 기억으로서 일시 보존됩니다. 그중 더욱 주요한 정보만을 가려내어 장기 기억으로 보존되는 과정을 지납니다.

단기 기억은 문자 그대로 짧은 기간의 기억인데, 뇌가 중요하지 않다고 판단한 정보는 수십 초에서 수 분 정도면 자동으로 삭제됩니다. 단, 중요도가 낮은 내용이라면 그래도 괜찮을지 모르겠지만, 책에서 배운 중요한 정보까지 마음대로 삭제되어 버리면 곤란하지요.

비유하자면, 뇌는 재고 관리에 철두철미한 매니저 같은 존재입니다. "아무래도 좋을 정보를 보관하고 있을수록 재고를 쌓을 공간적 여유가 없어지니, 사용하지 않는 기억은 중요도가 낮다고 판단하여 이 공간에서 내보내겠습니다." 하고 다분히 엄격한 태도로 인풋한 정보를 처리해 나갑니다.

따라서 자신의 뇌에게 '아니야, 이건 나중에 분명 쓸 거니까 지우지 마.' 하는 지령을 내릴 필요가 있습니다. 이러한 작은 수고야말로 아웃풋의 본질이며 그 덕분에 정보는 뇌에 장기 기억으로 저장되는 것입니다.

아웃풋은 훈련이다

독서가 식사라면 아웃풋은 훈련에 해당합니다. 즉,

책에서 얻은 정보를 얼마나 체득했는지는 아웃풋 방법에 의해 결정되는 것입니다. 공을 들여 자기 투자로 독서를 하기로 했으니 이득을 얻기 위해서라도 적당한 훈련이 아닌, 보다 효과적이고 효율적인 훈련 방법을 배워서 실행하는 것이 중요합니다.

어쩌면 '아웃풋이라니 귀찮다.'고 여기는 사람도 있을 수 있습니다. 그러나 아웃풋을 하지 않으면 독서의 효과를 거의 얻을 수 없기 때문에 결국 시간과 돈이 쓸모없어져 훨씬 곤란한 일이 되어 버립니다. 아무리 높은 함량의 단백질을 마셔도 훈련을 전혀 하지 않으면 효과를 기대할 수 없는 것처럼 독서도 아웃풋이 수반될 때에라야 기대하는 효과를 얻을 수 있습니다.

그렇다면 먼저 아웃풋이란 무엇일까요? 아웃풋은 자신이 익힌 정보를 누군가에게 이야기하거나, 어딘가에 적거나, 자신의 필터를 거쳐 표현하는 것을 말합니다. 따라서 아웃풋이라는 행위 자체가 특별히 어려운 일은 아닙니다.

우선 아웃풋이라는 훈련을 함에 있어서 가장 중요한 사항을 꼽자면 바로 '목적의식'입니다. 왜 그 책을 읽는 것인지, 무엇을 기대하고 아웃풋을 하는지와 같은 목적의식이 머릿속에서 떠나지 않도록 하는 것이 중요합니다. 아무런 목적 없이 책을 읽고 아웃풋을 해 버리면 그 행위 자체가 목적이 되어 버려 자기 투자로는 연결되지 않습니다.

그렇게 되지 않기 위해서라도 자신의 목적을 종이에 적어 언제든지 눈으로 확인할 수 있는 장소에 붙여 두면 좋습니다. 아웃풋은 그저 닥치는 대로 한다고 되는 것은 아닙니다. 여기에는 두 가지 이유가 있습니다.

첫 번째는 투자 효율이 나쁘기 때문입니다. 오늘날과 같은 정보 홍수 사회에서 아무런 목적 없이 하고 싶은 대로 인풋과 아웃풋 사이클만 돌리고 있으면 시간은 순식간에 흘러가 버리고 맙니다.

아웃풋이란 시간에 투자하는 것이므로 한없이 가능하지 않습니다. 그러므로 아웃풋 하기 전에 먼저 '지금 이 정보를 아웃풋 해야 할 필요성이 있는가?'를 생각하고 행동하는 선별 작업이 필요합니다. 그리고 또 하나의 이유는 자신이 어떤 사람인지 파악하기 어려워지기 때문입니다. 이는 자존감과도 큰 관련이 있는 중요한 부분입니다.

앞서 아웃풋이란 정보를 장기 기억으로 뇌에 보존시키기 위한 수고가 필요하다고 언급했습니다. 결국 아웃풋 처리가 된 정보는 당신의 '직인'이 찍힌 중요 사항과 다르지 않습니다. 그럼에도 불구하고 이것저것 다 아웃풋을 하면 어떻게 되겠습니까?

불필요한 정보에까지 직인이 찍혀 머릿속 폴더에 장기 보존이 되겠지요. 그 결과 자신에게 중요한 항목과 그렇지 않은 항목의 구별이 되지 않아 진짜 자신을 잃어버리고 맙니다. 그러니 주위의 잡음에 현혹되지 말고, 어느 때에든지 자기 내면에 있는 목적에 시선을 맞추고, 자신에게 중요한 것만을 아웃풋 할 수 있도록 합시다.

끈기 없이도 마음대로 읽을 자유

훈련이라고 하면 아마 '힘들지 않을까?' '내가 할 수 있을까?' 하며 불안해지시는 분도 있으시겠지요. 괜찮으니 마음 놓으십시오. 하고 나면 확실한 성과가 난다는 뜻으로 '아웃풋은 훈련이다'라고 말씀드린 것이지, 이를 악물어서라도 끝까지 해내야 하는 '끈기'의 필요성을 설명하는 상황이지는 않습니다. 물론 인생에는 끈기가 필요한 국면이 심심찮게 있습니다만 애초부터 독서와 끈기는 전혀 인연이 없습니다.

독서는 식사에 가까운 행위이며 생활 습관으로 평생 지속해야 하는 것입니다. 만약 여기에 정신력을 끌고 들어온다면, 사람에 따라서는 독서 알레르기 반응이 생겨 책에 눈길을 주는 것마저 싫어지고 말 것입니다.

모든 일이 그렇겠지만, 한번 싫어진 물건을 다시 좋아하기까지는 엄청난 에너지가 필요합니다. 그러면 지향하는 목표에 도착하는 시점이 대폭 늦어지든지, 최악의 경우 도착이 불가능해질지도 모릅니다. 독서에 필요한 요소는 정신력이 아닌 방법론입니다. 이 방법론은 자신의 목적에 맞춘 지속 가능한 시스템이어야 할 것입니다.

자신에게 필요한 근육을 키우는 데 집중하고, 불필요한 근육은 붙지 않도록 주의한다면 바쁜 가운데서도 어려움 없이 독서를 계속할 수 있습니다. 다만, 그럼에도 과거에 정신력을 강하게 신봉하며 따랐던 사람 중에는 머리로는 이해한다지만 몸이 어긋나게 반응해 버리는 경우가 있습니다.

예를 들면 문장의 의미가 좀처럼 이해되지 않고 배운 내용이 기억에 남지 않아 독서 습관을 지속할 수 없다는 식의 응답들은 독서에서 비일비재합니다. 이때 유의해야 할 점은 '환청'에 절대 귀를 기울이지 않아야 한다는 것입니다.

'이렇게나 이해력이 부족하다니, 내 머리가 나쁜 탓이다.' '책 내용을 기억하지 못하는 걸 보니, 기억력이 다른 사람들보다 좋지 않은 것이 분명하다.' '독서 습관을 들이지 못하는 이유는 내가 야무지지 못해서이다.' 이처럼 자기 자신을 상처 입히는 언어는 과거의 트라우마가 만들어 낸 허상이며, 진실이 아닙니다. 그러니 절대로 진지하게 받아들이지 말아야 합니다.

저 역시도 이렇게 아웃풋 독서법에 관한 책을 쓰고 있습니다만, 전혀 이해되지 않는 책도 무수히 많습니다. 또 아웃풋이 뜻대로 되지 않아 고민하는 일도 있고, 어쩐지 읽을 마음이 생기지 않는 날도 있습니다. 하지만 독서는 원래 그런 것이라는 결론을 내렸습니다. 만에 하나 책을 읽는 도중에 자신감을 잃을 듯하다면 다시 이 페이지로 돌아오시기 바랍니다. 몇십, 몇백 번이라도 그건 거짓이라고 큰소리로 외쳐 드릴 테니 말입니다.

독서는 식사와 같은 일이기에 식욕이 없으면 먹지 않아도 됩니다. 아웃풋은 훈련이므로 몸 상태가 시원찮다면 쉬면 됩니다. 힘들 때는 무리하지 말라고 스스로를 타이르며 긴장된 어깨의 힘도 뺍시다. 독서는 정신을 혹사시키는 행위가 아닌 정신을 충족시키는 행위이기 때문입니다.

독서와 멀어진 지금이 기회다

사람들의 '독서 기피' 현상이 심각해지고 있다는 식의 뉴스를 한 번쯤은 접한 적이 있으실 텐데요. 이제껏 시간을 들여 이야기해 온 독서의 효능을 충분히 즐기고 있는 사람이 조금밖에 없는 것이라면 이는 절호의 찬스입니다. 독서 기피를 개탄하기보다, 오히려 자신의 인생을 역전시킬 좋은 기회로 삼아 지금이야말로 적극적인 자기 투자를 시도해야 하지 않겠습니까?

지금까지 책을 읽는 습관이 없던 사람이 소집단 안에 들어가는 장면을 상상해 보십시오. 분명 자신의 가치관, 능력, 마음가짐과 같은 모든 영역이 변하여 인생에 플러스로 작용하게 될 것입니다.

자신을 바꾸고, 인생을 달라지게 하기 위해서는 우선 '환경'을 변화시키는 것이 중요하다고 말합니다. 하지만 갑자기 회사나 학교를 그만두거나, 이사를 하거나, 창업을 하는 등의 대담한 행동을 취하기가 간단하지만은 않습니다. 그렇다면 먼저 '책으로 둘러싸인 환경'을 스스로 만들어 보면 좋습니다. 책장을 사서 자신이 좋아하고 관심이 가는 주제의 책을 진열해 보는 것입니다. 이것만으로도 충분한 환경의 변화라고 할 수 있습니다.

이번 제1장에서 가장 전하고 싶었던 이야기는 '독서 습관을 자신의 것으로 삼는 일의 중요성'입니다. 독서에는 다양한 노하우나 테크닉이 있습니다. 하지만 화려한 기교는 탄탄한 독서 습관이라는 기반이 있어야만 꽃을 피울 수 있습니다.

'왜 책을 읽는 것일까?' '책은 우리에게 무엇을 제공할 수 있을까?' 이러한 의문에 초점을 맞추는 과정이 없다면 책을 펼쳐봤자, 중간에 책 읽는 일을 꺼려하고 말 것입니다. 이를 방지하기 위해 1장이라는 긴 분량을 할

애하여 책을 읽는 의미에 관해 자세하게 설명했습니다.

원래 독서는 자유로운 활동이기에 이 책에서 말하는 가치관이나 방법론을 일방적으로 강요하려는 것은 아닙니다. 독서 습관만 들인다면 자기 나름대로 독서에 대한 사고방식이나 방법론은 자연스럽게 갖춰질 것입니다. 이 책은 그때까지 '연결 고리'로서의 역할을 할 수 있다면 그것으로 충분합니다.

제2장

왜 책을 읽으면 금방 지루해질까?

아웃풋 과정이 무한한 가능성을 일깨운다

아웃풋을 함으로써 얻는 것, 그것은 '변화'입니다. 자신의 능력도, 모든 상황에 대처하고 인식하는 방법도, 세상을 바라보는 시각도 전부 변합니다. 흔하디흔한 말로 설명하면 인생 자체가 달라진다는 뜻입니다. 그 변화는 투자한 시간이나 돈과는 비교할 수 없는 가치로 되돌아와, 당신에게 커다란 기쁨과 무한한 가능성을 선사할 것입니다. 단, 주의해야 할 점은 아무런 생각 없이 무심코 아웃풋을 하지는 말아야 한다는 점입니다.

묵직한 물건을 들고만 있으면 근육이 붙어서 누구

라도 이상적인 몸을 만들 수 있는 것은 아니라는 이치와 같겠지요. 균형 잡힌 식사와 올바른 트레이닝 양식 등을 익히고 실천할 때 비로소 투자한 것에 어울리는 몸이 만들어집니다.

그러면 지금부터 효과적인 아웃풋을 하기 위한 기본 유형을 알려드리겠습니다. 이는 독서에 국한되지 않고 신문이나 뉴스 등 모든 정보의 아웃풋에도 응용할 수 있습니다. 총 4가지 단계로 구성되어 있으며 이 흐름을 따르다보면 우연이 아닌 필연적인 변화를 불러일으킬 수 있습니다. 꼭 참고해 보시기 바랍니다.

먼저 1단계는 인풋한 정보의 정리입니다. 아웃풋이란 자신이 받아들인 정보를 타인에게 설명하거나, 누군가를 향해 글로 쓰는 행동을 의미합니다. 그러기 위해서는 자기 자신이 입수한 정보를 조사하고 정리하는 수순을 밟아야 합니다.

얻은 정보를 정리도 하지 않고 그저 이 끝에서 저 끝까지 전부 흘려보내는 버릇이 들면, 알아듣기 어렵게 말하는 사람이 돼버리니 주의합시다. 책의 내용을 어떻게 정리하면 좋을지에 대해서는 나중에 설명할 것이기 때문에 우선은 아웃풋 하기 전에는 '정리'가 중요하다는 점만 짚고 넘어갑시다.

2단계는 인풋한 정보의 이해입니다. 정리를 마쳤다면 이번에는 그 정보들을 깊이 들여다보고 사고하며 이해하는 과정으로 돌입합니다. 1단계의 정리를 제대로 완수해야 정보의 이해도 더욱 수월해집니다. 입수한 정보는 '정리와 이해'라는 과정을 거치면서 기억에 강렬하게 남아 자신의 피와 같은 지식으로 승화됩니다.

3단계는 인풋한 정보의 편집입니다. 이 단계에서 정보를 아웃풋 하기에 적절한 형태로 다듬어갑니다. 아무리 자신의 머릿속에서는 완벽하게 정리가 되었고, 이해하고 있더라도 상대방에게 맞춘 형태로 재가공하는 작업을 게을리하면, 마음에 가닿지 않는 아웃풋이 되고 맙니다. 이왕 하는 것이니 정보를 전달하고 싶은 상대의 스트라이크 존을 향해 전력투구합시다.

4단계는 인풋한 정보의 출력입니다. 정보를 정리하고, 이해하고, 편집까지 마쳤다면 드디어 다른 누군가를 대상으로 아웃풋을 합니다. 여기까지의 과정을 듣고 귀찮다고 여기실 분이 계실지도 모르겠습니다. 그러나 실제로 이 과정을 차분히 밟아나가면 '누군가에게 전달하고 싶다.' '실제 행동으로 시도해 보고 싶다.'와 같은 아웃풋 충동이 일 것입니다. 그리고 그 타오르는 열정을 지닌 상태로 아웃풋을 해 봅시다. 분명 '아무 생각 없는' 아웃풋과는 전혀 다른 맛을 체감하게 될 것입니다.

더 말할 필요도 없이 인생을 바꾸는 것은 행동입니다. 하지만 그냥 하는 의미 없는 행동이 아닌 자신의 내면에서 끓어오르는 듯한 감정이나 욕구 등이 서로 어우러져 나오는 '내발적內發的 행동'이어야 합니다. 그리고 방금 말씀드린 아웃풋의 기본 유형은 인생을 좋은 쪽으로 이끄는 내발적 행동을 유발시키는 장치입니다. 당연히 연습을 하면 누구나 가능하니 아무 걱정하지 마십시오. 하나씩 차근차근 해나갑시다.

그렇지만 모든 아웃풋을 무리하게 이 형식에 끼워 맞출 필요는 없습니다. 여기에만 얽매이게 되면 오히려 옴짝달싹하지 못하게 되기 때문에 여기서는 이 유형을 사용해야 할 주된 상황을 알려드리겠습니다.

바로 자신에게 흥미나 관심을 가지고 있지 않은 상대에게 아웃풋을 해야 할 때입니다. 적진에 완전히 포위당한 상태에서도 상대에게 타격을 주는 메시지를 발설하려면, 그 정보가 자기 안에서 완벽하게 납득이 되어 '꼭 말해야만 한다'는 충동이 일어야 한다는 점이 포

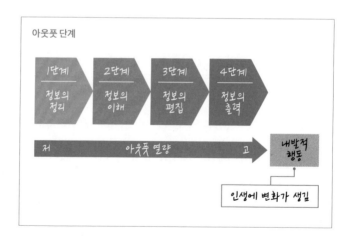

인트입니다. 예를 들면 물건을 팔아야 하는 영업을 하고 있는 사람이나 SNS 등으로 불특정 다수의 사람에게 정보를 노출시키는 일을 하는 사람은 항상 적진에서 아웃풋을 하고 있는 것입니다.

만일 자신의 머릿속에 있는 이미지대로 글을 쓰거나, 말을 하거나, 표현하기가 어렵다면, 필시 4가지 단계 중 어딘가가 누락되어 있을 가능성이 있으므로 자기 스스로를 되돌아보는 수단으로써도 꼭 활용해 보시기 바랍니다.

남들이 몇 권을 읽든지 간에

'자신의 페이스를 잃지 않는 것'이 아웃풋 독서법의 대원칙입니다. 제1장에서도 말씀드렸습니다만, 우리는 인생 100세 시대를 살아가는 장거리 달리기 선수입니다. 또 이러한 초장기전을 견딜 강인한 신체를 만드는 방법은 독서라는 식사와 아웃풋이라는 훈련이라고 반복해서 설명했습니다. 하지만 무리하게 페이스를 올리면 책을 읽는 일도, 책의 내용을 아웃풋 하는 일도 점점 괴로워지고 맙니다. 그러니 어떤 상황에서든 자신의 페이스를 고수해 나가도록 합시다.

그러려면 '타인과 우열을 가리지 않는 자세'가 중요합니다. 특히 누구나 스마트폰을 가지고 있는 현대 사회에서는 보고 싶지도 않고, 알고 싶지도 않은 타인의 정보를 접할 기회가 많기 때문에 원치 않는데도 '어느 쪽이 예쁘다'라든지 '어느 쪽이 부유해 보인다'라는 식으로 다른 사람과 자신을 비교하기 쉽습니다. 모든 비교가 나쁘다고 생각지는 않습니다만 누군가와 비교를 하면 자존감이 떨어지기 마련입니다.

예를 들어 A씨는 한 달에 50권의 책을 읽고 있고, B씨는 책 한 권을 10분이면 읽는다는 정보를 한 차례 들었다고 해 봅시다. 사람에 따라서는 '그렇게나 많이 읽을 수는 없을 것 같아.' '그렇게 빨리는 못 읽어.' 하며 자기 자신과 비교하여 자신감을 잃어버리는 사람이 있을지도 모릅니다.

그러나 안심하십시오. 아웃풋 독서법 세계에서 타인과의 비교라는 개념은 존재하지 않습니다. 처음부터 독서량이나 독해 속도는 저마다 다르며, 독서는 누군가에게 영향을 받아 페이스를 바꿔야 하는 성격의 것이 아닙니다.

마라톤 풀코스를 2시간대에 완주하는 운동선수와 5시간대에 완주하는 일반 시민은 소화할 수 있는 연습량도, 주행 스피드도 완전히 다릅니다. 그럼에도 운동선수와 똑같이 연습을 해서 똑같이 되리라고 생각한다면 경솔한 것이겠지요. 독서에 있어서 비교 대상은 다른 사람이 아니라 언제나 자기 자신입니다. 이 사실을 기억한다면 엉뚱하게 자신감을 상실할 일도 없고, 페이스를 놓쳐 혼란스러워 할 걱정도 없습니다.

또 아웃풋에 관한 것도 마찬가지입니다. 아웃풋을 훌륭하게 해내는 사람, 일목요연하게 이야기를 정리해나가는 사람 등 인터넷상에는 어떤 한 분야에 재주가 뛰어난 사람들이 많이 있습니다. 이때도 참고하는 정도라면 괜찮지만 열등감에 빠질 정도로 타인과의 비교에 심하게 사로잡힌다면 아웃풋 자체가 고통스러워집니다.

아웃풋 독서법을 실천함에 있어서 중요한 것은 '과거의 자신'과 비교하는 것으로, 얼마만큼 앞으로 나아갔는가, 어느 정도 성장하였는가와 같은 자기 자신의 발자취에만 눈길을 두어야 합니다. 또 자신의 페이스를 유지하려면 '다른 사람의 인정을 바라지 않는 것'도 핵심 사항입니다.

독서나 아웃풋을 타인과 우열을 다투는 경기로 여겨 다른 사람보다 많이 읽고, 다른 사람보다 뛰어나게 아웃풋 성과를 냄으로써 타인에게 인정받고자 하는 욕구에 얽매인다면 어떻게 될까요? 분명 책을 읽는 목적도, 책을 읽는 즐거움도 사라져, 때에 따라서는 독서 자체가 짐이 될 것입니다.

당신이 자기 자신을 위해 책에 투자를 한 것인 만

큼 자신의 페이스로 아웃풋을 하면 됩니다. 누군가의 평가나 인정은 조금도 신경 쓸 필요가 없습니다. 자신이 전하고자 한 정보가 상대에게 바르게 전달되었을 뿐만 아니라 그 정보가 자신의 것으로 체득되었다면 그 투자는 충분히 성공했다고 말할 수 있습니다.

만약 누군가에게 인정받는 것을 독서나 아웃풋을 하는 동기부여의 원천으로 설정한다면 틀림없이 좌절할 것입니다. 왜냐하면 타인에게 인정받지 못하는 순간, 독서도, 아웃풋도 쓸모없는 행위가 되어 버리기 때문입니다.

무슨 일이든 오래 지속하기 위해 주요한 조건은 '어찌 됐든 즐기는 것'입니다. "책을 읽는 것도 즐겁고, 아웃풋 하는 것도 즐겁다." 허울 좋은 말로 들릴지 모르겠지만 이러한 상태가 가장 이상적입니다. 그 즐거움에 눈을 떠 정신없이 열중하기까지 한다면 황홀경에 빠져들어 책과 자신만의 세계로 몰입할 수 있습니다. 이렇게 되려면 자신이 즐기는 상태만을 위한 '마음의 여백'이 필요합니다.

생각대로 독서가 잘 진행되지 않아 고달프고, 아웃풋 하는 일이 괴로워지는 증상이 나타나면 일단 그 자리에 멈춰 심호흡을 합시다. 그리고 지금 설명해 드린 내용을 떠올리며 천천히 자신의 페이스를 되찾으시기 바랍니다.

지금 당장 아웃풋 독서법을 시작해야 하는 이유

아웃풋 독서법은 책의 내용을 그저 자신의 것으로 삼는 데서 그치는 방법이 아닙니다. 아웃풋이라는 '짐'을 짊어짐으로써 우리는 100년 인생이라는 장거리 여행을 감당할 수 있는 '근력'까지 동시에 갈고닦을 수 있습니다. 구체적으로 특히 3가지 능력을 강화시킵니다.

첫 번째는 알기 쉽게 설명하는 능력입니다. 먼저 말해 두자면, '다른 사람에게 알기 쉽게 설명하는 사람＝

머리가 좋은 사람'인 것은 아닙니다. 또 그 능력은 개인이 선천적으로 타고난 센스나 재능에 의해 정해지는 것도 아닙니다. 단순히 '기술'의 문제입니다. 즉, 훈련으로 누구나 후천적으로 습득하고 개선 가능한 영역이라는 뜻입니다. 그러므로 알기 쉽게 설명하는 능력이 서툴다고 하더라도 전혀 주눅들 필요가 없습니다.

그렇다면 대체 그 기술이란 구체적으로 무엇을 말하는 것일까요? 그것은 바로 '정보를 가공하는 기술'입니다. 곧 입수한 정보를 정리하고, 습득하여 상대가 쉽게 받아들일 만한 언어로 편집하는 기술을 토대로 하기 때문에 알기 쉽게 아웃풋을 할 수 있는 것입니다. 그리고 이 기술은 앞서 언급했던 아웃풋 과정의 1단계부터 3단계까지의 흐름(정리→이해→편집)을 수차례 실행함으로써 연마할 수 있습니다.

또 4단계 '출력' 과정에서는 '누구에게 아웃풋 할 것인가'를 분명하게 설정합시다. 여기가 매우 중요합니다. 왜냐하면 아웃풋 하는 대상에 따라 알기 쉽게 설명하는 능력을 단련하는 방법이 완전히 달라지기 때문입니다.

우선 아웃풋에 자신이 없는 사람이나 다른 사람에게 말을 하는 것이 익숙하지 않은 사람은 '자기 자신'을 대상으로 하는 아웃풋부터 시작해 봅시다. 다른 사람에게 이야기를 하거나, 글 쓰는 일에 거부감이 있는 상태에서 무리하게 밀어붙일 필요는 없습니다. 자신만을

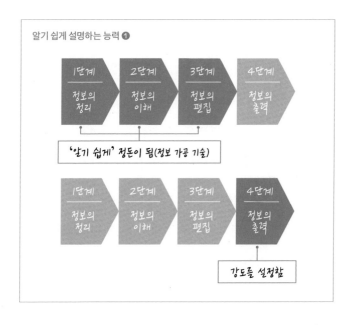

위한 독서 노트를 정리하는 것만으로도 충분합니다. 완벽을 추구하기보다 다시 살펴봤을 때 이해할 수 있는 수준의 아웃풋부터 시작해 보시기 바랍니다.

그리고 어느 정도 익숙해지면 자기 이외의 '타인을 향한 아웃풋'으로 돌이켜 아웃풋 강도를 높여봅시다. 또 타인에게 설명하는 일이 수고스럽지 않은 사람이라면 처음부터 적극적으로 다른 사람을 대상으로 하는 아웃풋에 힘을 기울여 보십시오.

상대가 있다는 것만으로도 아웃풋 난이도는 쑥 올라, 자신에게 더욱 강한 부담을 줄 수 있습니다. 이러한 부담을 극복하는 비결로는 자신과 비슷한 지적 수준의 상대를 떠올리며 아웃풋을 하면 한결 낫습니다.

그럼에도 부담을 떨치기 어렵다면, 자신보다 지적 수준이나 인생 경험이 적은 상대, 예를 들면 초등학생이나 중학생 정도의 학생에게 전한다는 마음으로 아웃풋을 해 보십시오. 실제로 아웃풋을 하는 상대가 어른일지라도, 초등학생도 이해할 만한 수준까지 설명하고자

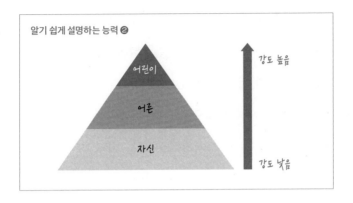

알기 쉽게 설명하는 능력 ❷

어린이

어른

자신

강도 높음

강도 낮음

한다면 의외로 강도가 꽤 높아질 것입니다.

아웃풋을 함으로써 강화되는 두 번째 능력은 '커뮤니케이션 능력'입니다. 아웃풋을 하면 책에서 얻은 정보가 뇌에 정착되고 대화를 통해서 자연스레 활용하게 되는 지식으로 다시 태어납니다. 이로 인해 대화의 수비 범위도 넓어지지요. 게다가 상대에게 맞춘 아웃풋이 가능해져 지금까지의 커뮤니케이션 이상의 원활한 소통을 할 수 있게 됩니다.

덧붙여서 매니지먼트의 아버지로 불리는 피터 드러커는 커뮤니케이션에 관해 "커뮤니케이션을 성립시키는 것은 듣는 쪽이다. 듣는 사람이 없다면 커뮤니케이션은 성립되지 않는다."라는 말을 남겼습니다.

요약하면 커뮤니케이션이란 들어줄 상대가 있을 때에라야 이루어지는 것으로, 커뮤니케이션 능력을 기르려면 역시 '타인'의 존재가 없어서는 안 된다는 뜻입니다. 그러므로 효율적인 커뮤니케이션 능력을 연마하고 싶다면 앞서 이야기했듯이 '타인을 대상으로 한 아웃풋'에 집중해야 할 것입니다.

마지막으로 세 번째는 구조화하는 능력입니다. 구조화란 복잡한 대상을 작은 단위로 분해하여 깔끔하게

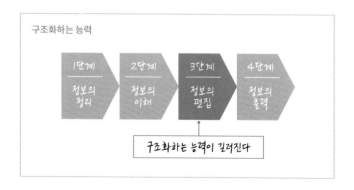

구조화하는 능력

1단계	2단계	3단계	4단계
정보의 정리	정보의 이해	정보의 편집	정보의 출력

구조화하는 능력이 길러진다

이해하기 쉽도록 단순한 형태로 변환하는 것을 의미합니다. 구조화를 하면 한 번 봐서는 해결하기 어려웠던 문제가 풀리거나 어려운 내용을 이해하는 데 도움이 되는데, 특히 비즈니스 상황에서 빛을 발합니다. 정보를 자신의 말로 편집하는 작업은 구조화하는 능력을 확실하게 연마하는 훈련의 왕도라고 말할 수 있습니다.

책에 자신의 혼적을 적극적으로 남기기

그림형제의 동화로 유명한 헨젤과 그레텔. 숲속에서 부모에게 버림받으리라는 사실을 깨달은 남매는 미리 준비해둔 자갈을 떨어뜨리면서 숲속으로 들어갑니다. 왜 이런 행동을 했는지 생각해 보면, 숲속은 미지의 세계이기에 길을 잃으면 빠져나오지 못하게 된다는 사실을 예측했기 때문이겠지요. 만약 헤맬 가능성이 전혀 없고 가까운 거리였다면 남매는 자갈을 준비하는 귀찮은 일은 하지 않았을 것입니다.

책의 세계는 마치 미지의 숲과 같습니다. 만일 문장의 미로를 올바르게, 망설임 없이 곧장 헤쳐나가고 싶다면 헨젤과 그레텔처럼 표시를 하며 읽어나가기를 추천합니다. 예를 들어 필자가 강조하고자 하는 문장을 발견하면 즉시 밑줄을 칩니다. 이 작업만으로도 이야기의 줄거리를 놓칠 위험이 줄어듭니다.

또 아웃풋의 기본 유형을 떠올려 보시면, 1단계는 '인풋한 정보의 정리'였습니다. 책을 다 읽고서 자신의 기억에만 의지하여 정보를 정리하려 한다면 아무래도 순조롭지 않을 것입니다. 그러니 추후 쉽게 아웃풋을 할 밑바탕 준비를 위해서라도 책에 '자신의 흔적'을 남겨 두는 일은 무척 중요합니다.

너욱이 자신이 읽고 마음 깊이 감명을 받은 책은 시간을 따로 떼어 몇 번이라도 읽고 싶어지는데 그럴 때 자신의 흔적(발자취)이 남아 있으면 순탄하게 다시 읽을 수 있고 시간을 절약할 수도 있습니다.

물론 책에 글을 써넣는 것은 개인의 취향이라서 이 것이 베스트라고 할 만한 정답은 없습니다. 책에는 일절 표시하지 않고 깨끗하게 읽기를 철저하게 지키는 독서가도 있으니, 꼭 스스로 시행착오를 겪어가며 방법을 찾아보시기 바랍니다.

자신만의 스타일이 확립되면 저자의 주장이나 문맥을 놓칠 일도 줄어들고, 책이라는 미지의 세계로의 산책이 즐거워집니다. 혹 아직 자신만의 규칙이 아무것도 정해지지 않았다면 제3장에서 마킹 방법론에 관해서도 다루고 있으니 꼭 참고하시기 바랍니다.

독서 기록이 자신감을 기른다

자존감을 형성하는 요소 중 하나로 '자기 효능감self-efficacy'이라는 개념이 있습니다. 이는 캐나다의 심리학자 앨버트 반두라가 제창한 것으로, 한마디로 "나라면 할 수 있다!"라는 자신감으로 충만한 감각을 의미합니다. 이 자기 효능감은 비즈니스나 인간관계 등에도 커다란 영향을 미친다고 알려져 있는데, 보다 질 높은 인생을 살아가는 데 매우 중요한 요건입니다.

반두라는 자기 효능감을 높이는 방법의 하나로 '직접적 달성 체험'의 필요성을 말합니다. 요컨대 자기가 무언가를 달성함에 따라 자신감을 고취시킬 수 있다는 것입니다. 물론 성공 체험의 크고 작음에 얽매일 필요는 없습니다. 사람은 작은 성공 체험을 하나씩 쌓아감으로써 차근차근 자신감을 기를 수 있습니다.

이런 이야기를 하는 이유는 독서란 작은 성공 체험의 반복이기 때문입니다. 한 권의 책을 끝까지 독파하는 것은 등산을 한 번 성공한 것과 같습니다. 읽기 전의 자신과 읽은 후의 자신 사이에는 분명 세상을 보는 관점의 차이가 있을 것입니다.

어떤 책일지라도 스스로 선택하고 끝까지 읽었다면 가슴 쫙 펴고 성취감을 실컷 만끽하면 됩니다. 만약 지금까지 책을 전혀 읽지 않았던 사람이 한 달에 한 권 읽는 속도로 독서 습관을 이어간다면 연간 12권의 책을 읽게 됩니다.

'겨우 그것밖에……'라는 생각은 할 필요가 없습니다. 성인이 되고나서 새로운 일에 도전하고 그것을 습관화하는 일의 어려움은 누구라도 공감하고 있습니다. 그러니 거리낌 없이 성취감을 누리시길 바랍니다. 다만, 애써 시간과 재정을 들여 독서를 하는 것이니 '성취감'을 더욱 높일 수 있도록 한 가지 팁을 제시하고 싶습니다.

바로 독서 기록을 남겨 두는 것은 어떨까요? 모처럼 산에 올랐는데 자신의 등반 기록을 어디서도 찾을 수 없다면 섭섭할 것입니다. 이왕이면 '이렇게 많이 읽었다니…… 하려고만 하면 할 수 있잖아.' 하고 회고하며 스스로를 칭찬할 만한 족적을 남겨 둡시다. 구체적인 방법으로는 책 제목, 독서 시작일, 독서 완료일, 그 책을 읽고 느낀 솔직한 감상 등을 간단하게 기록해 두면 좋습니다. 물론 독서 기록의 형식은 자유이며, 기록 매체는 노트여도, 스마트폰이어도, 독서 기록 전용 SNS여도 상관없습니다.

기록을 하는 핵심은 '보기 좋게 해 두는 것'입니다. 즉, 책 속표지에 기록을 한다거나, 여기저기 흩어 놓는 것이 아닌, 자신의 독서사[史]를 일목요연하게 볼 수 있도록 정보를 정리하는 것입니다. 이렇게 작은 행동을 실천하는 것만으로도 성취감을 더 쉽게 누릴 수 있게 되고, 자신감도 수월하게 얻을 수 있게 됩니다.

또 독서 기록을 남겨 둠으로써 과거 자신과의 비교

독서 기록의 형식

도 용이해집니다. 어느 정도의 빠르기로 읽을 수 있게 되었는지, 책의 내용을 얼마나 이해하고 감상을 정리할 수 있게 되었는지 같은 성장 과정이 기록을 통해 '가시화'되는 것입니다. 자신의 성장 정도를 모르면 무심결에 자신을 다른 사람과 비교하며 자신의 현재 위치를 확인하고 싶어집니다. 하지만 기록만 잘 되어 있다면 자신과 타인을 비교하며 일희일우할 필요도 없고, 자신만의 페이스를 잃는 일 없이 독서 습관도 어렵지 않게 유지할 수 있게 됩니다.

"하면 된다!"라는 마음가짐은 대단한 성공 체험이나 다른 사람의 인정으로만 얻어지는 것이 아닙니다. 자기 자신을 믿고 견실하게 한 발 한 발 걸어 나아가는 것. 그러한 '자신의 역사'야말로 흔들리지 않는 자기 효능감의 기반이 됩니다.

꾸준히 읽는 비결, 쉽게 깨지지 않는 독서 루틴

"하면 된다!"라는 자세를 일깨우기 위해 또 한 가지 중요하게 다루어야 할 방안이 있습니다. "역시 안 돼."라는 생각이 쉽게 틈타지 못하도록 하는 구조가 바로 그것입니다. 예를 들면 체형에 콤플렉스가 있는 사람이 열정과 끈기만으로 다이어트에 도전한다면 어떻게 될까요? 중간에 좌절하면서 '역시 나는 안 되는 거였어.' '나는 왜 이렇게 의지가 약한 걸까?' 하고 스스로를 질책하며 두 번 다시 다이어트를 하지 않겠다는 마음을 먹을지도 모릅니다.

인간의 의지는 우리가 상상하는 것 이상으로 취약하고 불안정합니다. 따라서 자신의 정신력에 의존하는 시스템이라면 도중에 나가떨어져 "역시 불가능해." 하는 상황이 오고야 말지요. 그렇다면 용감하게 '스스로 깨기 어려운 루틴'을 만들면 됩니다. 루틴 만들기의 핵심은 3가지가 있는데, 아웃풋 독서법을 계속 이어가는 과업에 맞추어 참고하시기 바랍니다.

① 완벽을 추구하지 말 것

'책의 정보를 빠짐없이 완벽하게 정리하기' '하루에 모든 아웃풋 작업을 끝내버리기'와 같은 100점 만 점 주의에 사로잡혀 버리면 도중에 지칠 가능성이 있습니다. 정보 정리에 누락이 있어도 괜찮고, 글씨가 깔끔하지 않아도 상관없으며, 이해가 부족해도 좋습니다.

이렇게 자기 자신을 놓아줍시다. 인간은 완벽하지 않기 때문에 지금 가능한 범위 내에서 하면 됩니다. 오히려 처음에는 잘 못하는 편이 더 좋다고 생각하십시오. 왜냐하면 자신의 성장 정도를 되돌아봤을 때, 차이가 큰 사람일수록 감동이 더 크게 다가오기 때문입니다. 작은 것에 국한되지 말고, 대담하게 나아갑시다.

② 목표를 작게 설정하기

목표는 크면 클수록 좋습니다. 이 말은 반은 맞고

반은 틀립니다. 아프리카 속담에 "코끼리를 잘 먹는 방법은 한 입씩 먹는 것이다."라는 말이 있듯이, 커다란 목표를 달성하려면 작은 목표로 나누어 하나하나 성취해 나가는 것이 중요합니다. 어쩌면 책 한 권을 완전히 독파하고 정보를 정리하여 이해하는 과정을 보고는 '나는 못할 것 같아⋯⋯.' 하며 한 발 빼고 싶어진 사람이 있을지도 모르겠습니다. 하지만 괜찮습니다.

아시다시피 책의 구성은 이미 장별로 분할이 되어 있습니다. 그러니 통째로 한 권을 아웃풋 하려고 하지 말고 장별로 자신의 페이스에 맞춰 시도하면 됩니다. '나는 못할 것 같아⋯⋯.' 하며 불안해진다면 '아니, 잠시만. 이거 한 입 크기로 자를 수 있지 않을까?' 하고 사고를 전환해 보시기 바랍니다.

③ 의도적으로 끊어 읽기

꾸준하지 않으면 안 된다는 강박에서 해방되었다면, 도리어 먼저 선수를 쳐서 계속 읽고 있던 상태를 멈

쉬봅시다. 절대로 그냥 하는 빈말이 아닙니다. 무슨 일이든 계속하려면 심신의 상태를 항상 일정하게 유지하는 작업이 중요합니다. 그러려면 몸에서 '하고 싶지 않다는 신호'를 보내기 전에 미리 손을 써둘 필요가 있습니다.

만약 독서를 할 마음이 일지 않고 아웃풋을 할 생각도 나지 않는 상태에 빠졌다면, 무리하게 계속 진행해서는 안 됩니다. 그런 반응은 몸과 마음에서 신호를 보내고 있다는 증거이기 때문에 2~3일 동안은 비워 두고 책과 동떨어진 생활을 하는 것도 좋습니다. 아니면 책을 읽지 않는 요일을 미리 정하여 주당 2일 휴가제를 실시하는 것도 방법입니다. '중간에 끊어졌다.'와 '내 의지로 중간에 끊었다.'라는 이렇게 사소한 의식 차이가 습관화를 성공으로 이끄는 열쇠를 쥐게 합니다.

책을 제대로 읽는 아웃풋 독서법 4단계

아웃풋 독서법이란 독서를 효율적으로 아웃풋 하여 '새로운 자신'을 만들어내는 시스템을 말합니다. 일정한 수순을 따라 실행해나가면 누구나 할 수 있습니다. 구체적인 내용은 제3장에서 이야기하겠지만, 우선은 지금부터 말씀드릴 아웃풋 독서법의 기본 골격을 익히시기 바랍니다. '전체 구조가 이렇게 생겼구나.' 하고 분위기를 파악하는 정도면 되니, 편하게 읽어보십시오.

제일 먼저 해야 할 일은 책을 읽기 위한 '준비'입니다. 책을 구매하고 나면 바로 펼쳐서 읽고 싶어지겠지만 한 번 꾹 참아봅시다. 아웃풋 독서법에서는 '느닷없이 읽는 행동'은 권하지 않습니다. 그 이유는 책을 갑자기 읽으면 한 귀로 듣고 한 귀로 흘리듯 책 내용이 머릿속에 남지 않을 가능성이 높기 때문입니다.

우리는 스마트폰을 필두로 한 IT 기술에 둘러싸여 편리한 생활을 누리고 있습니다. 하지만 그 편리함의 대가로 '집중력'이라는 독서에 없어서는 안 될 능력을 빼앗기고 말았습니다. 2015년 5월, 마이크로소프트 캐나다 연구팀에서 현대인의 집중력 저하를 나타내는 흥미로운 데이터를 발표했습니다.

결론부터 말하자면 이 연구에 참가한 약 2,000명의 뇌파를 측정한 결과, 집중력의 지속 시간은 약 8초로, 2,000년의 측정지인 12초를 밑도는 결과였습니다. 게다가 같은 논문에 따르면 금붕어의 집중력은 9초로, 현대인의 집중력이 금붕어보다 낮다고 설명하고 있습니다.

주의가 산만한 상태로 책을 읽으면 내용이 거의 들어오지 않으니 효율적이라고는 할 수 없습니다. 그러니 집중력에 자신이 없는 사람, 스마트폰이 없으면 안정이 되지 않는 사람, 평소에 책을 읽어도 내용 파악이 잘 안되는 사람은 책을 읽기 전에 먼저 집중할 수 있는 환경 마련하기를 첫째 과제로 삼으시길 바랍니다.

독서 환경이 준비되었다면 다음은 '독해'입니다. 단, 여기서도 갑자기 책을 펼쳐서 읽기 시작해서는 안 됩니다. 독해란 문자 그대로, 읽고 '해석'하는 것입니다. 해석의 대상은 바로 저자의 주장입니다.

그렇다면 어떻게 해야 쉽게 해석할 수 있을까요? 그 비결은 독해의 철칙이라고 할 수 있는데, 이야기의 끝을 미리 내버리는 것입니다. 다시 말하면 '이 저자는 아마 이러한 말을 하고 싶은 듯해.' 하고 자기 나름의 가설을 세워보는 것으로, 이야기가 샛길로 빠지더라도 중심 맥락에서 치우치지 않고 읽어나갈 수 있게 될 것입니다. 책은 곧이곧대로 정확하게 읽어야 한다는 규칙은 없습니다. 자신이 해석하기 수월하도록 읽으면 됩니다.

또 저자의 주장을 놓치지 않으려면 역시 자신의 '발자국'을 찍어 두는 편이 무난합니다. 중요하다고 생각하는 곳에 밑줄을 치거나, 메모를 남기면서 읽는 것입니다. 이로써 방대한 책의 내용이 정리되고, 저자의 주장이나 전체 구조를 이해하게 되어 다음 단계로 무리 없이 넘어갈 만한 상태가 갖춰집니다.

'독해'가 끝나면 이번에는 '요약' 단계로 돌입하니

다. 요약이란, 본문 속에서 중요하지 않은 부분은 없애고, 중요한 핵심만 정리하여 통합하는 작업을 말합니다. 책을 다 읽었다면 다시 한 번 책이라는 숲속으로 발걸음을 옮겨 자신의 '흔적'을 더듬어갑니다. 그리고 밑줄을 친 부분, 메모를 남긴 곳을 확인하며 저자의 주장을 다듬어나가는 것이지요. 그러면 핵심만 남은 문장의 덩어리가 완성되는데, 그 내용을 전달하고픈 상대를 상상하며 이해하기 쉬운 언어로 '편집'을 합니다.

책의 내용 정리가 끝났다면 드디어 최종 단계인 '발신'입니다. 이때 아웃풋 대상을 설정하고 확인합니다. 자기 혼자 보기 위한 메모를 작성할 것인지, 다른 사람에게 전달하기 위한 작업을 할 것인지를 결정하고, 현재 자신에게 맞는 강도를 고려하여 말을 하거나, 글을 쓰는 등의 실제 '출력'을 해 봅시다.

자, 여기까지 괜찮으셨나요? 이상의 4가지 순서가 아웃풋 독서법의 실천을 위한 기본 골격입니다. 커다란 흐름을 파악했다면, 다음 장에서는 이 토대 위에 살을

아웃풋 독서법의 기본 구조

① 준비
- 독해에 임하는 자세를 준비함
- 집중력을 기름

② 독해
- 자신의 발자취를 남김 ・ 전체 구조를 이해함
- 저자의 주장을 정리함

③ 요약
- 자신의 흔적을 더듬어 찾음
- 구조화 ・ 알기 쉽게 편집

④ 발신
- 발신처를 설정하여 전달함
- 행동하기 ・ 이야기하기 ・ 쓰기

붙여 나갈 예정이니, 먼저 여기까지의 내용을 정리하고 소화해 보시기 바랍니다.

자기 의견이 없을 때의 대처법

"책을 읽어도, 제 의견이라고는 아무것도 떠오르지

않는데, 어떻게 하면 좋을까요?" 이 질문은 예전에 유튜브 채널 구독자에게서 받은 질문인데, 실은 이와 비슷한 내용의 상담을 여태까지 수없이 많이 받았습니다. 이런 불안감을 지닌 상태로 아웃풋 독서법을 실천하기는 부담스러울 테니, 이 자리에서 해소해 버립시다.

결론부터 말하면, 책을 읽어도 아무런 의견이 떠오르지 않는 사람은 무리하게 의견을 내야 한다는 강박부터 일단 버리십시오. 그리고 이번 장의 서두에서 언급한 아웃풋의 기본 유형 4단계를 떠올려봅시다.

의견을 제시한다는 것은 아웃풋의 마지막 단계인 '출력'에 해당합니다. 따라서 출력이 제대로 이루어지지 않는다면, 그 전 단계 어딘가에 문제가 있을 가능성을 생각해볼 수 있습니다. 그럴 경우 먼저 1단계와 2단계에서 원인을 찾아보십시오.

나는 이 책의 요점을 진짜로 파악하고 있는 걸까? 저자의 주장을 이해하고 있는 걸까? 이렇게 스스로에게 질문을 던지며 문제의 원인을 찾아나서는 것입니다.

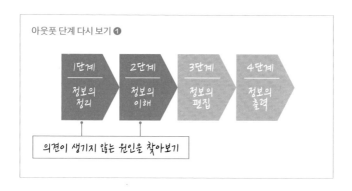

아웃풋 단계 다시 보기 ❶

| 1단계 | 2단계 | 3단계 | 4단계 |
| 정보의 정리 | 정보의 이해 | 정보의 편집 | 정보의 출력 |

의견이 생기지 않는 원인을 찾아보기

1단계와 2단계를 의심하는 이유는, 이 두 단계의 과정 이 빠지면 자신의 의견을 제시할 수 없기 때문입니다.

그렇다면 이 문제를 '대인 커뮤니케이션'에 대입시 켜 생각해 봅시다. 대화 도중에 자신의 의견을 자연스럽 게 나누려면 무엇보다 먼저 상대방의 이야기를 잘 듣고, 이해해야 할 필요가 있습니다. '무슨 말을 해야 할까?' 하고 다음 할 말을 생각하면서 상대의 이야기를 적당 히 넘겨들으면 대화의 흐름에서 벗어난 발언을 하게 되 고, 자연스럽게 주고받는 대화가 성립되지 않을 것입니 다. 즉, 대화에 있어서도 상황에 맞는 말을 끄집어내려면 '경청'이 대전제가 되어야 합니다.

자, 이야기의 처음으로 돌아가 봅시다. 책이란 저자가 한 문장 한 문장 마음을 담아 써내려간 메시지입니다. 그러므로 저자의 메시지를 받아들이려면 먼저 자신의 의견을 드러내려는 시도는 멈추고, 철저하게 상대가 하는 이야기에 집중하여 정보를 정리하고, 이해하는 일에만 주력해 보십시오. 그러면 자연스럽게 자기 안에서 의문이나 공감 등이 생기면서 무엇인가 발언하고픈 마음이 일어나리라 생각합니다.

그래도 이렇다 할 의견이 없을 경우에는 3단계인 '정보의 편집'으로 넘어가 원인을 찾아봅시다. 이 단계는 정보를 아웃풋 하기 적절한 형태로 구성하는 단계인데 정리한 정보에 대하여 "그래서 무슨 이야기를 하려는 걸까?" 하는 질문을 던져 보십시오. 그러면 자신의 의견을 도출하기 쉬워질 것입니다. 이때 포인트는 되도록 간단한 구절이나 단어를 뽑아내는 것으로, 일반적으로 이러한 작업을 '추상화'라고 부릅니다.

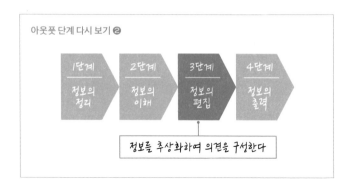

아웃풋 단계 다시 보기 ❷

| 1단계 | 2단계 | 3단계 | 4단계 |
| 정보의 정리 | 정보의 이해 | 정보의 편집 | 정보의 출력 |

정보를 추상화하여 의견을 구성한다

여기까지 끝났다면 자신이 도출한 말에 대해 '내 인생에 어떻게 적용할 것인가?' '내가 살고 있는 사회와 어떠한 관계를 맺고 있는가?'처럼 자신과 연관 지을 수 있는 질문을 계속해서 떠올려 보십시오. 그러면 추상화된 언어가 당신과 관계성을 갖기 시작하고, 더욱 설득력을 지닌 의견을 제시하기 쉬워질 것입니다. 이미지를 떠올리기가 조금 어려울 것 같으니 예를 들어 설명하겠습니다.

14~16세기 일본의 전통 가면극을 말하는 노能를 집대성한 제아미世阿弥라는 인물을 아십니까? 제아미는

만년에 저술한 《화경花鏡》이라는 작품에서 "연기자는 자신의 몸을 떠나 객관적인 시선으로 자신의 연기를 바라볼 줄 아는 의식이 중요하다."라고 주장했습니다. 정리하면, 제아미는 자신의 연기를 관객의 자리에서 보았을 때 어떻게 보일지를 충분히 숙고하라고 독려하고 있는 것입니다.

자, 위와 같은 글을 보고 나서 '타인의 시선'이라는 추상적인 단어를 도출했다고 합시다. 이번에는 그것을 근거로 '현재 나의 업무나 사생활에 어떻게 타인의 시선을 접목하지? 만약 받아들인다면 어떤 결과를 기대할 수 있을까?' 하는 상상과 함께 현실과 관련을 지어가며 자신의 의견을 구축해 나가는 것입니다. 이러한 사고 처리를 몇 차례 거치며 익숙해지면, 누구든지 자신감을 갖고 자신의 언어로 아웃풋을 할 수 있게 될 것입니다.

덧붙이자면 자신의 의견이 떠오르지 않는 현상은 아웃풋을 할 때 흔한 사례이므로 그렇게 심각하게 받아들일 필요는 없습니다. 중요한 점은 아웃풋을 하다가 불

편한 점이 생기면 언제라도 되돌아가 기본 유형을 살펴
보아야 한다는 점입니다.

자투리 시간을 활용하는 루틴 만들기

자, 여기서 질문입니다. 당신은 하루에 자투리 시
간이 얼마나 있습니까? 출퇴근 시간, 업무나 가사일 사
이의 짬 등 모든 시간의 조각들을 합하면 몇 시간 정도
가 되는지 꼭 체크해 보시기 바랍니다.

이와 관련하여 2014년에 20대~50대 남녀를 대상
으로 실시한 인터넷 조사에 따르면 현대인의 자투리 시
간은 하루 평균 1시간 9분인 것으로 나타났습니다. 단
순하게 환산하면 연간 약 17일 정도의 자투리 시간이
있는 셈입니다.

앞장에서도 이야기했지만 독서는 아웃풋을 하지
않으면 의미가 없기 때문에 바쁠수록 이러한 자투리 시

간을 노련하게 사용해야 합니다. 자투리 시간을 효과적으로 활용하는 비결은 자투리 시간의 단점이 아닌 장점에 초점을 맞추는 것입니다.

그렇다면 자투리 시간의 장점은 무엇일까요? 바로 단시간에 집중하여 작업할 수 있다는 점입니다. 예를 들면 전철로 출퇴근하는 시간 30분이 있다면, 내리기까지의 긴장감을 의식하면서 어제 읽은 책의 감상을 스마트폰에 기록하는 작업을 단숨에 몰두하여 정리하는 것도 좋겠지요.

저도 회사원으로 근무하면서 유튜버로 활동하고 있습니다만, 자투리 시간을 이용하지 않는다면 아마도 활동을 계속하기 어려울 것입니다. 요약 원고나 작업 중에 떠오른 아이디어 등은 전부 구글 도큐먼트로 관리하고, 이동을 하거나 짬이 날 때는 스마트폰이나 아이패드에서 바로바로 편집하는 식으로 자투리 시간을 활용하고 있습니다.

그러나 자투리 시간의 활용이 그리 간단하지만은

않습니다. 왜냐하면 인간의 의지는 약하고, 짧은 시간이기에 더욱 어영부영 쓸데없이 지나가버리기 쉽기 때문입니다. 이를 예방하기 위한 수단으로 추천하고 싶은 방법은, 자투리 시간을 보내는 법을 루틴화하는 것입니다.

먼저 하루 24시간의 스케줄을 자세하게 적습니다. 그리고 실제로 어느 정도의 자투리 시간이 있는지 정확하게 파악합니다. 적어 보면 '출퇴근 왕복 20분, 귀가 20분, 저녁 식사 후 20분'과 같은 자투리 시간의 내역이 드러납니다. 그 시간 안에 자신이 해야만 하는 일을 넣어 두는 것입니다.

자투리 시간을 그때그때 형편에 따라 활용하도록 자유롭게 내버려 두지 않는 이유는, 스마트폰의 유혹이 너무나도 강하기 때문입니다. 아마도 자투리 시간을 없애버리는 데에 스마트폰을 능가하는 물건은 없을 것입니다. 다양한 애플리케이션의 알림 소식에 매번 반응하다 보면 순식간에 자투리 시간이 사라져버리고 맙니다.

게다가 스마트폰을 한 번 보기 시작하면 한없이 들여다보느라 자투리 시간은커녕 다른 일을 해야 하는 시간까지 잡아먹히고 맙니다.

스마트폰은 원래 우리의 생활을 윤택하게 해주는 문명의 이기입니다. 하지만 그로 인해 귀중한 시간을 빼앗기고, 본래의 목적을 달성하지 못하게 된다면 본말이 전도되는 것입니다. 그렇기에 더더욱 되는 대로 활용하는 것이 아닌 루틴이라는 구조로 자투리 시간을 관리해야 할 필요가 있습니다.

또 조금 사소한 이야기이지만 자투리 시간의 길이에 맞춘 최적의 작업을 찾아 루틴을 효율화하는 방법도 있습니다. 예를 들어 자투리 시간이 5분, 10분, 15분, 20분처럼 짤막짤막하게 있다고 해 봅시다. 5분 정도의 시간에 알맞은 작업, 20분 정도의 시간에 알맞은 작업은 아마 사람에 따라 다르겠지요.

"자신에게 주어진 자투리 시간과 그 길이에 걸맞은 액션은 무엇일까?" 이런 질문을 하면서 자투리 시간의

루틴을 만들어 인풋 또는 아웃풋 작업을 해 보는 것은
어떨까요?

아웃풋을 일상으로

아웃풋은 훈련이므로 실천한 만큼 '근력'이 됩니
다. 다른 사람에게 얼마나 말로 전달했는가, 얼마나 썼
는가, 얼마나 행동했는가. 이러한 성실함이 쌓여 당신
자신을 형성해 나갑니다. 하지만 귀중한 시간을 투자하
여 아웃풋을 하는 것이니 불필요한 근력까지 키울 필요
는 없습니다. 자신에게 필요한 근력에 집중하여 합리적
인 훈련을 해나갑시다.

지금부터 나눌 내용은 일상생활 중에 독서 이외의
아웃풋을 할 때의 마음자세에 관한 것입니다. 아시다시
피 우리가 사는 세상은 정보가 차고 넘쳐, 언제 어디서
나 아웃풋을 할 수 있는 상황입니다.

이를 테면 신문이나 뉴스에서 습득한 정보를 자기 나름대로 정리하고 요점을 추려 지인과 논쟁을 하기도 하고, 최근에 본 영화나 자신이 가장 좋아하는 만화의 재미있는 포인트를 정리하기도 합니다. 하루 동안 일어난 일을 되돌아보며 일기를 쓰기도 하고, 회의록을 작성하기도 하지요. 또 오늘 아침 뉴스를 누군가에게 전달합니다. 이렇듯 우리의 일상에는 아웃풋 할 자료가 도처에 널려 있습니다.

이러한 상황에서는 아웃풋 재료의 취사선택에 주의해야 합니다. 무엇을 아웃풋 하고, 무엇을 하지 말 것인지를 자신의 머릿속으로 곰곰이 생각하고 확립시켜야 합니다. 왜냐하면 아웃풋은 미래의 당신을 결정짓는 행위이기 때문입니다.

따라서 제1장에서 전했듯이 아웃풋을 할 때는 자신의 목적을 잊어서는 안 됩니다. 그렇다면 이쯤에서 한 가지 예를 들어봅시다. 3년 안에 한 사람 몫의 영업 능력을 갖추고 싶다고 바라는 신입 영업 사원 A씨가 친한 동기인 B씨와 오랜만에 만나 술잔을 기울여가며 업무와 관련된 이야기꽃을 피우고 있다고 해 봅시다.

그때 A씨는 점차 업무 이외의 이야기로 화제를 전환하고자 머릿속으로 2가지 잡담거리를 떠올렸습니다. 한 가지는 유명 연예인에 대한 구설수. 다른 한 가지는 최근 성행하는 넷플릭스 해외 드라마에 관한 주제였습니다. 이런 상황에서 A씨가 B씨에게 아웃풋을 하기에 좋은 화제는 연예인 이야기일까요? 아니면 해외 드라마에 관한 정보일까요? 물론 무슨 말을 꺼내든 자유이지만 아웃풋 훈련의 시점에서 생각해 봅시다.

해답은 당연히 후자인 해외 드라마 쪽입니다. 왜 그럴까요? 힌트는 A씨의 '목적의식'입니다. 영업 능력을 갖추는 것이 A씨의 목적이기 때문에 친한 B씨에게 그 해외 드라마의 매력을 열변하여 팔아치우면 됩니다. 만약 B씨가 넷플릭스에 흥미가 없다손 치더라도 A씨가 설득력 있게 아웃풋을 해내면 분명 한 달 무료 체험에 가입할 것이고, 거기에 만족한다면 계속 연장을 할 것입니다. 이렇게 되면 둘 모두에게 도움되는 것이고, A씨는 자신의 영업 구술을 연습한 것일 뿐만 아니라, 목적을 향해 일보 전진했다고도 할 수 있습니다.

이것이 자신의 목적을 의식한 진정한 아웃풋인 것입니다. 또 아웃풋에 능한 사람은 자신에게 의미가 있는 아웃풋 기회를 일상생활 속에서 순식간에 포착하여 말을 건네거나, 글을 쓰거나, 표현을 합니다. 우리의 일상에는 아웃풋 재료가 많이 있습니다. 그중에서 자신의 목적을 의식하고 아웃풋 할 주제와 그렇지 않은 주제를 분별하여 정말 필요한 아웃풋에 에너지를 집중함으로써 우리는 무한한 가능성을 손에 쥘 수 있습니다.

제3장

많이 읽는 것이 아니라
제대로 읽어야 한다

시야를 디자인하다

자, 어느덧 중반을 향해 가고 있습니다. 적당히 휴식을 취하며 무리하지 않는 속도로 계속해 봅시다. 이제부터는 드디어 아웃풋 독서법의 구체적인 방법을 소개하겠습니다. 앞장에서 대략적인 이미지를 그려보시라고 말씀드렸던 기본 골격에 따라서 진행하고자 합니다. 그럼 제3장을 시작합니다.

먼저 책을 읽기 위한 '준비'로, 독해에 집중하기 위한 환경을 조성합시다. 집중하기 위한 방법에는 몇 가지가 있는데 특히 의식해야 할 부분은 한마디로 '시야'입니다. 인간은 외부에서 정보를 얻을 때 오감을 사용하는데, 그 비율은 감각 기관에 따라 전혀 다르게 나타납니다. 산업 교육 기구 시스템 편람에 따르면, 그 내역은 시각 83퍼센트, 청각 11퍼센트, 후각 3.5퍼센트, 촉각 1.5퍼센트, 미각 1.0퍼센트로 시각에서 얻는 정보량이 압도적으로 많았습니다.

또 2020년 1월, 일본의 안경 브랜드 Zoff는 인간의 시야에 주목한 재미있는 상품을 발표했습니다. 이름하여 'Zoff+집중'. 이는 '집중할 수 있는 환경을 만들어주는 안경'으로 불리며, 집중하고 싶을 때 안경테에 탈착식 덮개를 부착하여 외부로부터 시각 정보를 물리적으로 차단할 수 있습니다. 이로 인해 안구의 움직임을 조정하는 뇌 부위Frontal eye fields(전두안운동야)의 부담을 덜게 되고, 그 결과 눈앞의 작업에 집중하게 된다는 논리입니다. 즉, 주의 산만 모드에서 집중 모드로 전환하게 되기 때문에 '시야 디자인'은 합리적인 전략이라는 뜻입니다.

만약 반드시 자신의 방에서 책을 읽는 사람이라면 먼저 주변 정리를 하고, 손이 미치는 범위 내에는 '책과 펜과 포스트잇만' 두는 심플한 상태를 만들어 보십시오. 이때 가장 주의해야 할 사항은 스마트폰을 되도록 멀리 두는 것입니다.

미국 텍사스 대학교의 아드리안 워드 교수 연구팀의 조사에 따르면, 스마트폰을 사용하지 않고 근처에 두는 것만으로도 의식이 분산되어 뇌의 인지 능력의 일부가 소비되고 만다는 사실을 밝혀냈습니다. 그러니 시야에서 쓸데없는 정보나 디지털 기기를 정리하고, 의식을 흐려지게 할 위험을 되도록 없애봅시다.

그렇다고 시야에 그 어떤 것도 들어오지 않도록 없애는 것만이 능사는 아닙니다. 사실 관엽 식물과 같은 녹색이 시야에 들어오면 오히려 집중력이 높아진다는 연구 결과도 있습니다. 사람의 눈에 비치는 풀이나 나무 등의 녹지 공간이 차지하는 비율을 녹시율이라고 하는데, 도요하시 기술과학대학의 마쓰모토 히로시 명예 교수팀의 연구에 따르면, 공간의 10~15퍼센트 정도를 식물이 차지할 때 가장 스트레스가 적어지고, 역량도 높아진다고 합니다. 근래에 구글이나 아마존을 필두로 국내외의 많은 기업이 사무실 내에 식물을 심고 있는데, 이는 과학적인 근거에 기반한 생산성 향상을 위한 시책의 일환이기도 한 것이지요.

이렇듯 자신이 최대한 집중할 수 있도록 시야를 디자인했다면 실제로 책을 읽기 시작하고부터 집중력이 떨어질 때까지의 시간(집중력 유지 시간)을 측정해 보면 좋습니다. 자신의 집중력 한계치를 알면 독서뿐만 아니라 진짜 집중해야 할 때 스케줄을 짜기 용이해집니다.

그럼에도 집중할 자신이 없는 사람은 시야를 디자인하기 전에 짧은 시간 유산소 운동(걷기, 달리기 등)을 끼워 넣어보아도 좋습니다. 스웨덴의 욘쇼핑대학교 연구팀이 2020년에 발표한 연구에 따르면 가벼운 운동부터 강도 높은 유산소 운동을 단 2분간 실시하는 것만으로도 뇌가 활성화되어 학습 기억, 집중력과 같은 독해에 필요한 여러 가지 요소가 향상될 가능성이 있는 것으로 나타났습니다.

스마트폰과 같은 기술로 인해 현대인의 집중력이 소실되어 버렸다고 앞장에서 이야기했습니다만, 본래 인간은 집중에 취약합니다. 진화심리학 분야에서는 우리의 사회적 특징이나 심리적 특징의 대부분은 농경사회 이전의 기나긴 시대, 곧 수렵 및 채집을 하던 시대에 형성되었다고 여겨집니다.

그 당시에는 한 가지 일에 심하게 몰두하고 있으면 자신이나 가족들의 신변에 닥칠 위기를 살피지도 못하고 사냥감을 잡을 기회마저 날렸을 것입니다. 따라서 인류는 사방팔방으로 주의를 살펴야 하는 존재로 진화하였으며 그 특징을 지닌 채로 현재에 이르게 된 것입니다.

이렇듯 인간의 초기 설정이 '주의산만 모드'라는 사실을 인지한다면 '나는 집중력이 부족해' 하며 자신에게 굴레를 씌울 필요도 없어집니다. 책을 읽기 전에는 눈에 보이는 반경을 디자인하여 '집중 모드'로 설정을

변경하기만 하더라도 독서 체험은 완전히 새로워질 것
입니다.

표지와 띠지와 차례로 세워보는 가설

계속해서 아웃풋 독서법의 '독해'에 대해 이야기해
보겠습니다. 제2장에서 말씀드린 바와 같이 먼저 이야
기의 결론을 지어 자기 나름의 가설을 세워두면 문장의
이해가 현격하게 깊어집니다. 구체적으로는 어떻게 해
야 할까요?

결론부터 말씀드리면, '책의 표지, 띠지, 차례'를 체
크하고 가설을 세워보는 것입니다. 먼저 책의 표지에서
확인해야 할 부분은 제목입니다. 책의 얼굴이라고도 할
수 있는 제목은 가설을 세우는 데 있어서 절대적으로
고려해야 할 정보의 원천입니다. 예를 들어 일본의 계몽
사상가 후쿠자와 유키치의 《학문을 권함》이라는 책의

제목으로부터 가설을 세워봅시다. 방법은 간단합니다. 그저 육하원칙에 따른 질문을 던져보는 것입니다. 이것만 해도 괜찮습니다. 시험 삼아《학문을 권함》이라는 제목에 대한 질문을 만들어보겠습니다.

- '누구'에게 학문을 권하고 있는 것일까?
- '왜' 학문을 권하는 것일까?

어떻습니까? 싱거울 정도로 간단합니다. 거기에 지금 한 질문에 대한 '자기 나름의 대답'을 할 수 있다면 가설은 거의 완성한 것이나 다름없습니다.《학문을 권함》에는 비즈니스 서적처럼 멋스러운 띠지도 없을뿐더러 이렇다 할 차례도 없습니다. 그래서 제목만으로 가설을 세워야 합니다.

자, 어떻게 하면 좋을까요? 이렇게 되면 자신의 사고를 활성화시키는 수밖에 없습니다. 후쿠자와 유키치에 대해 당신이 알고 있는 정보를 꺼내봅시다. 후쿠자와 유키치라고 하면 어떤 이미지가 있습니까? 그렇습니다. 일본에서 가장 비싼 지폐인 1만 엔권에 인쇄된 얼굴이 자 게이오기주쿠대학의 학교 법인으로 유명한 게이오 기주쿠의 창립자입니다. 그렇다면 '자신의 학교 학생들에게 공부를 하라고 권하는 내용인가?' 하고 언뜻 상상해볼 수 있습니다.

그런데 잘 생각해 보십시오. 교장 선생님이 자기 학교의 학생들에게 공부를 하라는 내용을 굳이 전국적으로 책을 낸다? 조금 부자연스럽습니다. 그렇다면 현재 자신의 학생들만이 아니라 앞으로 공부하게 될 모든 학생들을 포함한 메시지이지 않을까 추리해볼 수 있습니다. 앞으로 공부하게 될 학생들이란, 게이오기주쿠에 입학하게 될 학생들입니다.

결국 《학문을 권함》이라는 책은 후쿠자와 유키치가 "일본 국민 여러분! 저 후쿠자와가 학교를 세웠으니 함께 공부하지 않으시겠습니까?" 하고 권유하는 이야기라는 가설을 세울 수 있습니다. 어떻습니까? 가설 만들기는 이처럼 추리게임을 하듯 즐겁게 사고하는 법을 훈련할 수 있습니다.

물론 위의 예시처럼 제목만으로 가설이 세워지지 않는 책도 많이 있습니다. 그럴 경우에는 표지에 적혀 있는 설명문과 띠지에서 실마리를 찾아봅시다. 특히 띠지에는 그 책을 한마디로 표현하는 키워드가 보란 듯이 쓰여 있는 경우가 많습니다.

이번에는 다른 책으로도 앞에서 한 방법과 동일하게 의문을 품고 '어쩌면 이런 이야기일 거야.' 하고 가설을 세워봅시다. 또 거기에 추가로 차례를 펼쳐서 각 장의 타이틀을 확인해 봅시다. 책의 각 장에는 저자의 주장이 그대로 타이틀이 되어 있기도 하니, 이를 참고하면서 자신의 가설을 수정해나가는 것입니다. 물론 가설을 세우는 방식이 꼭 지금 소개한 순서가 아니더라도 상관없습니다. 자신이 하기 편한 방법으로 가설을 세워 나가봅시다.

단, 이때 주의해야 할 점은 가설 설정에 시간을 너

무 많이 들이지 말아야 한다는 것입니다. 자연스러운 독해를 하기 위해 '가설을 세우는 것'이지 명탐정이 된 양 '가설 입증하기'로 빠질 필요는 없습니다.

가설이 틀리더라도 독해에는 아무런 지장을 주지 않기 때문에 전혀 신경 쓰지 마십시오. 책을 읽기 전에 '아마 이런 이야기일 거야.' 하고 상상하는 간단한 단계를 거쳐보는 정도의 가벼운 활동이면 됩니다. 이러한 사전 준비를 해 두는 것만으로도 저자의 주장을 쉽게 파악하게 되고, 그 후의 요약 및 발신과 같은 과정으로도 부드럽게 연결시킬 수 있습니다.

언어의 온도를 느껴라

가설을 세우고 준비를 마쳤다면, 다음은 실제로 읽고 해석을 해 봅시다. 다짜고짜 첫 페이지의 첫 번째 줄부터 자리를 잡고 앉아서 읽는 것이 아닌, 처음에는 '골

라 읽기'부터 해 보는 것입니다. 이곳저곳을 골라 읽는
이유는 언어에 깃든 '온도'에 주목하기 위함입니다. 예
를 들어 설명해 보겠습니다.

- 부모님께 과자를 사달라고 떼를 쓰는 어린이
- 공부의 즐거움을 깨닫기를 바라며 학생에게 열변하는 교사
- 고객이 자사 제품을 사주길 기대하며 설명하는 영업 사원

이처럼 상대가 자신의 생각과 감정을 이해해주었으
면 하는 간절함에 사무친 사람의 모습을 상상해 보십시
오. 벌게진 얼굴로 커다란 목소리를 내지르는 사람. 손
짓 발짓을 하며 같은 주장을 몇 번이고 반복하는 사람.
분명 당신도 이제까지 인생을 살며 수도 없이 보거나 경
험했을 테지요. 이렇게 '전달하고 싶다! 알리고 싶다!
말하고 싶다!'와 같은 내면에서 용솟음치는 충동이 강
해지면 강해질수록 언어는 그 사람의 피로 물들어 열기
를 내뿜습니다.

이는 평범한 커뮤니케이션뿐만 아니라 문장에서도 마찬가지입니다. 저자가 '전하고 싶다!'고 생각하는 문장에는 저자의 '체온'이 녹아있습니다. 저자가 집필 중에 특히 전달하고 싶어서 마음이 뜨거워지는 곳에 주목하여 거기를 골라 읽고 '자신의 발자취'를 남겨 봅시다. 이를 실천하면 작품 전체의 방향성을 잘못 파악할 가능성이 현저하게 낮아지게 됩니다.

'그런 걸 어떻게 파악할 수 있나!' 하고 염려하는 당신에게 소중하게 간직해 두었던 비결을 알려드리겠습니다. 사실 언어의 온도가 뜨거워지는 곳은 대개 '여기다!' 하는 통상적인 위치가 정해져 있습니다. 그러니 겁낼 필요 전혀 없습니다. 이제부터 저자의 주장을 간단하게 파악하는 비결 3가지를 공개하겠습니다. 이 기본이 몸에 베이 있으면 모든 문장 독해에 응용할 수 있으니 제대로 익혀 둡시다.

① 글의 처음과 끝을 확인하라

글을 구성하는 기본 형태의 하나로 '서론-본론-결론'이 있습니다. 가장 먼저 전하고픈 내용을 강조한 다음, 그 주장을 뒷받침하는 근거나 구체적인 예시, 배경 등을 설명하고, 마지막으로 한 번 더 전달하고자 하는 바를 반복해서 강조하는 작문의 기본 형식입니다.

이 형식은 특히 평론, 비즈니스 서적, 블로그 등에 많이 활용되며 서론과 결론 두 군데에 저자의 주장이 집중되어 있습니다. 따라서 발췌하여 읽을 때는 글의 '처음과 끝'에 주목하여 전체 흐름을 파악해 봅시다.

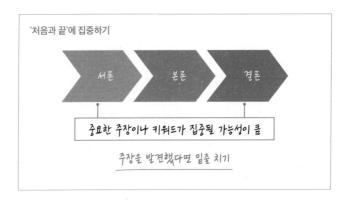

'처음과 끝'에 집중하기

서론 → 본론 → 결론

중요한 주장이나 키워드가 집중될 가능성이 큼

주장을 발견했다면 밑줄 치기

만일 그곳에 저자의 강력한 주장이 있다면 밑줄을 쳐서
자신의 족적을 남겨 둡시다.

② 강조 표현에 주목하라

저자의 강력한 주장을 찾는 일에 단서가 되는 것은
아무래도 강조 표현입니다. 구체적인 표현을 들자면 아
래와 같은 문장이 있습니다.

- 가장 중요한 점은 ○○이다

- 첫 번째 비결은 ○○을/를 하는 것이다

- ○○(이)야말로 유일한 길이다

- ○○을/를 최우선해야 한다

이러한 강조 표현도 앞에서와 마찬가지로 서론과 결
론에 집중되어 있습니다. 이렇게 명확하게 '온도'가 급상
승하는 곳을 발견했다면 주저하지 말고 밑줄을 칩시다.

③ 양보 구문을 살펴보라

그저 글의 처음과 끝만 들여다보면 충분할 것 같지만 사실 그렇지는 않습니다. 왜냐하면 서론과 결론 사이에 끼어 있는 '본론' 내용 중에도 저자의 강렬한 외침이 숨어 있는 경우가 있기 때문입니다.

상상해 보십시오. 책을 읽는데 '결론부터 말하자면 ○○이다.'라는 문장이 모든 문단의 서두에 적혀 있다면 어떨까요? 너무 상투적이라 저자의 체온을 느끼기 어려워져, 애써 주장하는 바가 퇴색되고 말 것입니다.

그래서 저자는 자신의 주장을 따끈따끈한 상태로 독자의 마음에 전달하고 싶기 때문에 서두에서는 일부러 독자의 흥미를 불러일으키기만 하고, 진짜 하고 싶은 주장을 본론에 끼워 넣는 기법을 취하기도 합니다.

"그러면 말하고자 하는 바가 쓸데없이 파악하기 어려워지는 것 아닌가요?" 하고 묻는 목소리가 들리는 듯한데, 염려하실 것 없습니다. 이렇게 말하는 이유는, 저자는 독자에게 "저는 지금부터 주장을 할 거예요! 준비되셨습니까?" 하고 사전에 사인을 주고 있기 때문입니다.

이때 저자가 보내는 정해진 신호를 '양보 구문'이라고 합니다. 구체적으로 살펴보면 "분명 A이다. 하지만 B이다."처럼 한 발 물러서는 자세를 보인 뒤, 주장을 전개하는 식입니다. 요컨대 자신의 반대 의견 또는 일반론 (A)을 대비시킴으로써 자신의 주장(B)을 돋보이게 하는 것입니다. 이 구문을 발견할 때마다 '하지만', '그러나'와 같은 역접 접속사에 동그라미 표시를 하고 그 뒤에 따라오는 저자의 강력한 주장에 밑줄을 쳐봅시다.

덧붙여서 밑줄을 긋는 타이밍은 발췌하여 읽을 때나, 평범하게 읽기 시작할 때나 언제여도 상관없습니다.

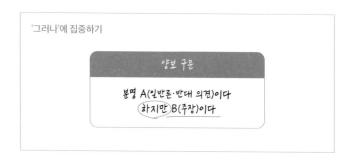

'그러나'에 집중하기

양보 구문

분명 A(일반론·반대 의견)이다
하지만 B(주장)이다

자기 마음에 내키는 방법을 선택하면 됩니다. 또 다소 누락이 되더라도 독해 자체에 큰 지장이 생기지는 않으니 안심하시기 바랍니다.

골라 읽기가 끝나고 저자의 강력한 주장에 '자신의 발자국' 찍기까지 얼추 마쳤다면, 시험 삼아 그 부분만 읽어보십시오. 아마 저자가 말하고자 하는 내용이 쑥 들어올 것입니다. 그 이유는 밑줄을 침으로써 문장의 핵심 부분만이 드러나게 되고, 그 결과 문장 전체의 정보가 '정리'되어 '이해'하기 쉬운 상태로 바뀌었기 때문입니다. 이렇게 되면 아웃풋의 기본 유형(4가지 단계)의 다음 단계, 즉 정보의 '편집'도 하기 쉬워질 것입니다.

언어의 온도에 주목하면서 부분적으로 읽거나 선을 긋는 작업이 귀찮을지도 모릅니다. 하지만 책의 내용을 아웃풋 하여 확실하게 내 것으로 만드는 과정을 역으로 계산해 보면 이보다 효율적인 방법은 없습니다.

태클 걸기 모드로 전환하기

"그런데 잠깐만요. 저자의 주장을 알게 되었으니 더 읽을 의미가 사라져버린 것 아닌가요?" 역시! 훌륭한 질문입니다. 듣고 보니 책의 정보가 정리되어 저자가 전달하려는 내용을 어느 정도 알고 있는 상태라면 구태여 처음으로 돌아갈 필요가 없을 것 같습니다. 물론 책을 읽는 방법은 어디까지나 개인의 자유이니 정답도 오답도 없지요.

다만, 이런 상황을 미스터리 소설로 비유하자면 '범인'은 드러났지만 '범행 동기나 범행 수법은 모르는' 상태와 비슷합니다. 그러니 책에 적혀 있는 노하우나 사실만을 알고 싶다면 무리해서 되돌아갈 필요는 없습니다. 하지만 서자의 사고와 감정을 마주함으로써 책 속 세상에 빠져들어 차분하게 독서를 음미하고 싶다면 다시 한번 숲의 입구로 돌아가 자신의 두 발로 거닐어 보셨으면 합니다. 그렇다면 책의 숲속으로 깊숙이 들어가기 전에 소지품 확인부터 하겠습니다.

첫 번째, 책의 표지, 띠지, 차례를 통해 세운 '가설'
은 가지고 오셨나요? 만약 부분 읽기를 통해 가설을 변
경하고 싶어졌다면 수정해도 전혀 문제되지 않습니다.

다음으로 두 번째, 손을 뻗으면 닿을 만한 곳에 펜
이 있습니까? 발췌하여 읽을 때 표시가 되어 있지 않은
중요한 주장을 발견하면 망설이지 말고 밑줄을 그어봅
시다.

마지막으로 세 번째, 포스트잇은 챙기셨나요? 사용
법은 나중에 설명할 테니 준비해 두시기 바랍니다.

소지품 확인이 끝났으니 '태클 걸기 모드'로 자세

태클 걸기 모드의 3가지 준비물

가설　　펜　　포스트잇

를 전환하고 첫째 줄부터 읽어나갑시다. 그저 인쇄된 글자를 따라가는 것이 아닌, 때로 고개를 끄덕이거나 의문을 제시하며 마치 저자와 대화를 하듯 액션을 취하며 적극적으로 읽는 것입니다.

상상이 잘 안 된다면 만담을 주고받는 코미디언의 커뮤니케이션 화법을 떠올려 보십시오. 태클을 거는 역할은 상대가 하는 이야기를 잘 듣고 과장 없이 고개를 끄덕이기도 하며 공감하는 모습을 보이지요. 그러다가 별안간 상대방 쪽을 향해 날카로운 질문을 던집니다. 이러한 기술을 독해에 응용하는 것입니다.

과거 2,000팀 이상의 코미디언들을 지도했던 방송작가 무라세 다케시 씨는 "질문의 본질은 '위화감'을 지적하는 것에 있다."고 설명합니다. 이 내용으로 코미디언들의 커뮤니케이션 기술을 독해에 응용하면 "저자의 주장에 밑줄을 쳐가며 '수긍'하고, 위화감을 느끼면 '태클' 걸기"와 같습니다. 이렇게 함으로써 꼭 저자와 대화를 하는 듯한 활동적인 독서가 가능해집니다.

이 위화감이란 자신과 상대의 감정이나 사고방식의 불일치로 발생하는데, 아무 생각 없이 그저 받아들이기만 하는 자세로는 위화감이 전혀 들지 않기 때문에 '맞아, 맞아. 그렇구나.' 하며 맞장구만 치다가 독서가 끝나버리고 맙니다. 그렇게 되지 않기 위해서라도 독해에 돌입하기에 앞서 '태클 걸기 모드'로 전환한 다음에 읽어 나가야 합니다.

주체적으로 책을 읽는 3가지 기술

태클을 건다고 해서 재미나 신선함 또는 날카로운 반론을 꼭 짜내야 할 필요는 없습니다. 어깨에 들어간 힘을 풀고 당신의 머릿속에 떠오르는 순수한 질문을 문장으로 만들어봅시다. 그러면 '그렇구나. 이 저자는 이런 말을 하고 싶었던 거였어.' 하고 이해가 깊어지며 읽어 나갈 수 있을 것입니다.

조금 더 추가하자면, 의문이 생기는 곳이 특별히 정해져 있지는 않습니다. 자신의 생각이나 감정, 또는 사전에 준비한 가설 등과 비교하면서 원하는 대로 파고들어가면 됩니다. 그때 자신이 생각한 점, 깨달은 점을 책에 메모해 두면 좋습니다. 그러면 요약 작업을 할 때 자신의 의견을 어려움 없이 만들어낼 수 있습니다. 그렇다면 참고로 쉽게 태클을 걸 수 있는 기본 포인트 3가지를 소개하겠습니다.

① 질문으로 태클 걸기

저자는 책 집필에 즈음하여 무엇인가 '질문'을 하기 마련입니다. 왜냐하면 무엇을 위해 책을 쓰는 것인지와 같은 질문에 명확한 답을 내리지 않으면 독자에게 설득력 있는 주장을 내세우지 못하기 때문입니다.

- 구체적으로 어떠한 것에 문제의식을 지니고 있는가?
- 책을 쓰고자 한 계기는 무엇인가?

이와 같이 저자에게 인터뷰를 한다는 생각으로 태클을 걸어봅시다. 그러면 '이 작가는 현대 사회 속에서 A라는 문제를 발견했는데, 그 계기가 된 것은 B라는 사건이었어. 그래서 A를 해결하기 위한 수단으로 C를 제안하고자 마음먹게 된 것이 이 책을 쓰게 한 거야.'처럼 작품 배경에 있는 스토리가 정리될 것입니다. 이로써 저자가 독자에게 말하려는 메시지의 방향성을 제대로 파악할 수 있게 됩니다.

② 주장에 태클 걸기

어쩌면 가장 태클 걸기 쉬운 곳이 '저자의 주장'일 것입니다. 여기서는 자신이 준비한 가설과 비교하여 위화감이 생긴다면 '그건 왜 그렇지?' 하고 태클을 걸어봅시다. 이때 핵심은 '자신과 다른 의견=오답'으로 치부하지 않고 대화를 멈추지 않는 것입니다. 그 주장은 저자에게 있어서는 어느 정도 정답이기 때문에 어떤 사고 과정을 통해 그러한 주장을 하기에 이르렀는지 끊임없이 질문해야 합니다.

그러면 저자가 살아온 시대, 놓인 환경, 성장 배경 등 다양한 요인이 복잡하게 얽혀, 그러한 주장을 형성하게 된 이유가 보일 것입니다. 그 결과 "A에는 동의할 수 없지만, B에는 공감이 간다."라든지 "지금은 전혀 공감할 수 없지만 저자와 같은 시대를 살았다면 나도 같은 생각을 했을 수도 있겠다."와 같은 '대화에 가까운 독서'가 펼쳐질 것입니다.

③ 근거에 태클 걸기

주장을 뒷받침하는 것은 근거입니다. 여기서 근거라 함은 저자 자신의 체험이거나, 과학적인 데이터일 수 있는데, 그러한 근거를 복수로 나열함으로써 주장을 지지힙니다. 예를 들면 "반드시 ○○해야 한다."라는 강렬한 주장이 있다고 칩시다. 그러면 저자의 주장 근처에는 "왜냐하면 ○○이기 때문이다."라는 근거가 몇 가지 보일 것입니다.

이에 대해 '정말일까?' '어째서?'와 같이 태클을 거는 것이지요. 그럴 듯한 근거가 제시되어 있으면 순간적으로 그 정보를 믿어버리기 쉽지만, 일단 멈춰 서서 냉정하게 파고들어가 보십시오. '과학적으로는 그럴 수 있겠지만, 나와는 맞지 않아.'처럼 자신의 머릿속에서 정보를 걸러내며 읽어나갈 수 있을 것입니다.

포스트잇은 3장으로 제한하기

책 속의 숲을 산책할 때 '포스트잇'은 무척 중요한 역할을 감당합니다. 아시다시피 포스트잇은 메모를 하거나 무언가 눈에 띄게 표시를 하거나 책갈피를 대신하는 등 다양하게 활용할 수 있는 유용한 물건입니다. 하지만 그 간편함과 편리함 때문에 포스트잇이 차고 넘쳐 오히려 천덕꾸러기 신세가 되어 버리는 경우도 드물지 않습니다.

그래서 지금부터는 아웃풋 독서법을 실천함에 있어서 포스트잇을 효과적으로 사용하는 방법을 소개하고자 합니다. 기억하셔야 할 포인트는 2가지입니다. 하나는 포스트잇에 '명확한 역할'을 부여하는 것이고, 또 다른 하나는 사용하는 포스트잇에 '매수 제한'을 두는 것입니다.

만일 포스트잇의 역할이 또렷하지 않고 모호하다면 어떻게 될까요? 어떤 사람은 중요하다고 생각하는 곳마다 계속 포스트잇을 붙이거나, 또 다른 사람은 포스트잇에 메모를 해 두는 등 다양한 경우가 있겠지요. 그 결과 펜과 포스트잇의 역할은 중요해지지만 정보의 '정리'는 곤란해지고 맙니다.

이를 방지하려면 상사가 부하 직원에게 업무를 지시하듯 펜에는 펜의 업무를, 포스트잇에는 포스트잇의 업무를 부여하는 조치가 필요합니다. 아웃풋 독서법에서는 펜과 포스트잇의 역할을 다음과 같이 구분합니다.

- 펜: 저자에게 있어서 중요한 곳을 드러내는 역할

- 포스트잇: 독자에게 있어서 중요한 곳을 드러내는 역할

이렇게 하면 펜과 포스트잇의 역할이 분리되기 때문에 정보 정리를 하기 쉬워질 것입니다. 이때 포스트잇의 매수를 제한하는 것도 중요한 포인트입니다. 저는 책한 권에 할당되는 포스트잇은 3장까지로 정해 두었지만, 자신에게 맞추어 포스트잇 매수의 상한선을 설정해 보십시오. 그러면 포스트잇을 너무 많이 붙이는 것도 방지하고, 자신이 정말로 중요하다고 생각하는 곳을 보다 분명히 할 수 있습니다. 더욱이 매수에 제한이 있으면 저자의 의견에 휩쓸리지 않고 나에게 정말 중요한 정보가 무엇인지 고민하고 선택하는 감각도 길러집니다. 그럼 실제 어떻게 포스트잇을 활용하는지 구체적인 과정에 대해 알아봅시다.

먼저 1장을 다 읽었다면 잠시 휴식을 취하십시오. 그리고 1장에서 당신이 가장 중요하다고 생각하는 부

분을 찾아 그 페이지에 포스트잇을 한 장 붙입시다. 저자의 주장에 떠밀릴 필요는 없습니다. '나에게 중요한지 아닌지' 여부만 고려하여 포스트잇을 붙이는 것입니다.

만약 중요하다고 생각한 곳이 여러 군데라고 할지라도 자신의 직감을 믿고 용기를 내어 한 군데로 좁혀 나가십시오. 그리고 이 작업을 각 장마다 반복합니다. 예를 들어 5장으로 구성된 책이라면 최종적으로 5장의 포스트잇이 붙어 있을 것입니다.

그 후 마지막 단계로 돌입합니다. 책에 붙은 5장의 포스트잇 중에서도 당신이 평생 기억에 남겨 두고 싶은 내용 3가지를 선택하십시오. 그리고 안타깝지만 엄정한 선고에 따라 2장의 포스트잇은 이제 그만 버리는 것입니다. 어쩌면 힘든 결단이겠지만 끝까지 가봅시다.

여기까지의 작업이 끝났다면 3장의 포스트잇이 붙어 있는 곳을 가만히 응시해 보십시오. 거기에 있는 내용은 자기 자신과 대화하고 고민하며 얻어낸 '나에게 정말 중요한 내용'을 나타내는 정보입니다. 저자가 들려준 그대로가 아닌 자신의 머리로 궁리하면서 취사선택한 결과가 거기 있는 것입니다.

이렇게 자신에게 있어서 소중한 것을 다른 누군가의 의지가 아닌 자신의 의지로 결정하는 보람찬 감정을 '자기결정감'이라고 합니다. 그리고 자기결정감은 바로 자존감과 인생의 행복 수치를 높여주는 중요한 요소입니다.

그 어떤 명저일지라도 저자와 당신은 다른 사람입니다. 그러므로 거기 적힌 일언일구가 나에게 정답일 수는 없습니다. 나에게는 무엇이 필요한 것일까? 무엇이 나에게 중요할까? 이러한 객관적인 시점을 놓치지 않기 위해서라도 아웃풋 독서법에서는 포스트잇에 명확한 역할과 제한을 두고 있습니다.

A4용지 한 장으로 다듬기

독해가 끝났다면 다음은 '요약'입니다. 자, 여기서
다시 한번 기본으로 돌아가 봅시다. 아웃풋의 기본 유
형(4단계 중 3가지)을 떠올려 보시기 바랍니다. 1단계가
정보의 정리, 2단계가 정보의 이해, 3단계가 정보의 편
집이었습니다. 지금부터 할 일은 책을 읽고 습득한 정
보를 편집하는 작업입니다. 구체적으로 다루어 보자면,
책에 표시한 '자신의 흔적'과 '포스트잇'을 더듬어가며
A4용지 한 장으로 정보를 알기 쉽게 정리하는 것입니
다(수기 작성 또는 타이핑 모두 가능).

이때 요약하는 포인트는 보기 좋은 문장을 만드는
것이 아닌, 조리 있는 '구조'를 만드는 것입니다. 여기서
하는 '요약' 작업은 어디까지나 다음 단계인 '출력'을 하
기 위한 토대를 다지는 일임을 염두에 두십시오. 정리
방법에도 유형이 있기 때문에 그에 준하여 실행하면 누
구라도 손쉽게 요약할 수 있습니다. 우선 짚고 넘어가야

할 요약의 기본이 되는 유형 2가지를 소개하겠습니다.

① 서론-본론-결론 유형

이 유형은 조금 전에도 이야기한 문장 작성의 전형적인 예입니다. 먼저 저자가 가장 전하고 싶었던 주장을 적고, 다음으로 그 이유나 근거를 거론한 뒤 마지막으로 표현이나 뉘앙스를 바꾸어 주장을 다시 한 번 반복

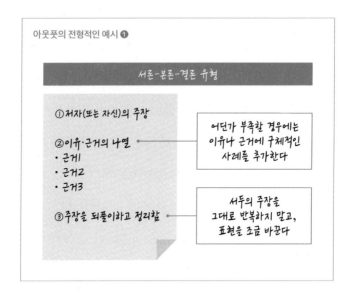

아웃풋의 전형적인 예시 ❶

서론-본론-결론 유형

① 저자(또는 자신)의 주장

② 이유·근거의 나열
· 근거1
· 근거2
· 근거3

③ 주장을 되풀이하고 정리함

어딘가 부족할 경우에는
이유나 근거에 구체적인
사례를 추가한다

서두의 주장을
그대로 반복하지 말고,
표현을 조금 바꾼다

하는 형식입니다. 어딘가 부족하다고 느껴지면 이유와 근거를 쓴 후에 구체적인 사례를 추가하면 좋습니다. 자신의 주장을 전개할 때도 마찬가지입니다. "이 책을 읽고서 나는 이렇게 생각했다. 그 이유는 ○가지를 들 수 있다. 첫째는 ~(이)다. 둘째는 ~(이)다. 셋째는 ~(이)다. 따라서 내 의견은 이렇다."와 같이 주장을 전개할 때 서론-본론-결론 유형은 굉장히 심플하고 사용하기 편리한 형태라고 할 수 있습니다.

② 요점 정리 유형

요점 정리 유형은 말 그대로 책의 요점을 정리하여 나열하는 형식입니다. 예를 들어 5장 구성의 작품이 있다고 합시다. 그중에서 특히 자신이 중요하게 여긴 곳을 세 군데로 추려 포스트잇을 붙였다고 한다면, 그 포스트잇의 내용을 정리하여 열거하면 되는 것입니다.

그것만으로는 썰렁하다고 느끼신다면 나열한 요점에 대해 무슨 이야기를 할 것인지 궁리하여 마지막에

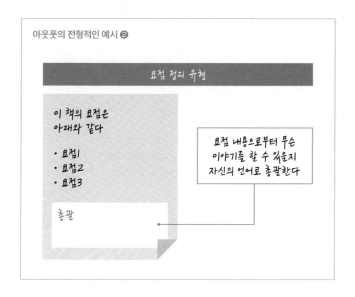

아웃풋의 전형적인 예시 ❷

요점 정리 유형

이 책의 요점은
아래와 같다

• 요점1
• 요점2
• 요점3

요점 내용으로부터 무슨
이야기를 할 수 있을지
자신의 언어로 총괄한다

총괄

자신의 감상을 덧붙이면 됩니다. 책을 읽는 도중에 깨달은 바나 의문점을 적은 메모가 있다면 그것을 참고하여 자신의 의견을 피력해 보시기 바랍니다.

요약이란 자신이 획득한 정보를 차분하게 상자에 담아내는 작업과 같습니다. 책에 남긴 자신의 발자국을 더듬어가며 유형에 맞춰 끼워 배치하는 것이므로 정보가 깔끔하게 정리되고, 책 내용이 이해가 되었다면 사실 그렇게 어려운 일은 아닙니다. 요약 작업이 순조롭게 진행되지 않는다면, 먼저 거기까지 가는 작업 중에 누락된 부분이 있을 가능성을 의심해 보시기 바랍니다.

사고의 깊이를 더하는 주고받기식 대화

'요약'이 마무리되었다면 드디어 마지막 '발신'입니다. 요약이 상자 정리 작업이라면 다음 단계인 발신은 보기 좋게 포장하여 배송하는 작업과 같습니다. 선행해야 할 일은 '수신자' 설정입니다. 물론 사전에 설정을 해두어도 전혀 문제되지 않습니다. 과거의 자신에게 전달을 하든, 친구나 파트너에게 전달을 하든, 아니면 불특정 다수에게 전달을 하든, 자신에게 알맞은 강도를 고려하여 정보를 발신할 곳을 정해 봅시다.

그리고 자신이 요약한 A4 사이즈의 종이를 들여다보며 수신자가 될 상대에게 적절한 말로 쓰여 있는지 확인을 합니다. 자신의 요약 원고를 읽었을 때 '정보를 받아들이는 상대가 이해하기 어려운 말'을 발견했다면, 그 부분은 받는 사람인 상대가 이해할 만한 수준까지 알기 쉽게 바꿔야 합니다. 전문용어는 일상용어로, 추상적인 표현은 구체적인 표현으로, 너무 딱딱한 어투는 부드러운 어투로 변경하는 '언어 개편' 작업을 하는 것이지요.

이 작업도 끝났다면 실제로 '발신'을 해 봅시다. 이제 '타인'을 대상으로 하는 '발신(이야기)' 방법에 관하여 구체적으로 설명하겠습니다. 개인적으로 추천하고 싶은 방법은 독서 동료와 주고받기식 대화를 하는 것입니다. 요컨대 서로 읽은 책을 소개하면서 커뮤니케이션을 하는 것입니다. 익숙하지 않을 때는 신뢰할 만한 친구나 파트너 등 되도록 긴장하지 않을 만한 상대를 고르면 좋습니다.

상대가 알아듣기 쉽도록 정보를 전달하는 포인트는, 자신이 A4용지에 적은 내용을 떠올리며 '구조'를 무너뜨리지 않고 말하는 것입니다. 아무리 말하기에 자신이 없는 사람일지라도 아웃풋 하는 내용이 구조화되어 있으면 그 정보는 상대에게 전달할 수 있습니다.

능숙하지 않을 때는 A4용지를 보면서 해도 괜찮습니다. 이 단계에서는 상대에게 자유롭게 질문을 받는 것도 좋습니다. 그렇게 함으로써 책에서 얻은 정보를 그저 암기만 한 것인지, 아니면 진짜 자신의 머릿속에서 이해하고 있는 것인지 자각할 수도 있고, 사고를 더욱 깊어지게 하는 훈련이 되기도 합니다.

또 이 주고받기 토크는 다방면으로 공부가 됩니다. 같은 책을 읽어보기도 하고, 같은 주제의 다른 책을 얻어가기도 하고, 완전히 다른 장르의 책을 접해 보기도 하며 창의적인 연구를 하는 등의 협력을 통해 사고와 지적 호기심을 자극할 수 있습니다.

하지만 혼자 아웃풋을 하는 편이 홀가분하고, 오래 지속할 수 있을 것 같다는 분도 많으리라고 생각합니다. 그럴 때는 A4용지에 정리한 내용을 토대로 자문자답하거나, 학생들이 있다고 상상하며 '모의 수업'을 해 보는 방법도 추천합니다. 발신 방법에 정답은 없으니 무리하지 않고 지속할 수 있을 법한 방법을 찾을 때까지 실패를 두려워하지 말고 꼭 다양한 아웃풋에 도전해 보시기 바랍니다.

독서 모임으로 새로운 관점에 눈을 뜨다

책에서 배운 내용을 '출력'할 때 '독서 커뮤니티'를 이용하는 것도 효과적인 수단 중 하나입니다. 일본 전역에는 다양한 독서 모임이 있습니다. 서로 읽은 책의 감상을 나누거나, 추천 도서를 공유하거나, 과제로 정한 책을 두고 토론을 하는 등 정말 다채로운 독서 이벤트가 온라인과 오프라인에서 시행되고 있습니다.

혹시 '네코마치클럽猫町倶楽部'을 알고 계십니까? 이 독서 클럽은 도쿄, 나고야, 오사카 등의 전국 5개 도시에서 연간 약 200회의 독서 모임을 열고 있는 일본 최대 규모의 독서 커뮤니티로 굉장히 유명합니다. 비즈니스 서적, 문학, 예술, 철학과 같은 장르별 모임도 풍성하기 때문에 자신의 관심사에 따라 자유롭게 참가할 수 있습니다.

또 2020년 6월부터는 ZOOM을 활용한 온라인 독서 모임인 '네코마치 온라인'도 시작하며 어느 지역에서든지 편하게 접속할 수 있게 되었습니다. 참가 조건은 사전에 과제 도서를 읽기만 하면 되는 무척 심플한 규칙이라서 남녀노소 누구라도 '책'이라는 공통점으로 가볍게 '인연'을 맺을 수 있습니다.

물론 이러한 커뮤니티에 거부감이 있는 사람은 무리해서 참가할 필요는 없다고 생각합니다. 다만, 평범한 일상에서 전혀 마주칠 일 없는 사람과 같은 책을 읽고 감상을 공유하는 체험은 다른 곳에서는 맛볼 수 없는 양질의 아웃풋 훈련이 되는 것은 분명합니다. 또 과제 도서가 주어짐으로써 여태까지 읽어 볼 기회가 없었던 장르의 책에도 흥미가 생기게 되어, 그동안 자신이 알고 있던 세상의 규모가 단숨에 확장될 가능성도 있습니다.

게다가 자신과 다른 시각을 지닌 사람의 아웃풋을 듣는 활동은 새로운 관점, 새로운 시야 획득으로 이어져, 혼자서 책을 읽는 것보다 한결 깊은 수준으로 책의 내용을 이해할 수 있습니다. 만일 자기 혼자서 묵묵히 아웃풋을 하거나 지인에게 아웃풋을 하는 일에 매너리즘을 느낀다면, 독서 커뮤니티를 이용하여 스스로에게 자극을 줘 보는 것은 어떨까요?

세상을 넓혀 주는 플랫폼

인터넷상에 있는 불특정 다수의 사람들에게 정보를 공유하는 활동도 '발신'의 전형적인 모습이라고 할 수 있습니다. 오늘날은 스마트폰 하나로 세계 곳곳에 아웃풋을 할 수 있는 시대이므로 저항감이 없는 사람이라면 적극적으로 이용해 보도록 합시다.

이로써 자신의 아웃풋에 대한 피드백을 받거나 의

견을 교환하는 등 세계가 넓어지는 즐거움도 손쉽게 누리게 될 것입니다. 단, 실제로 독서를 통해 배운 점을 인터넷상에서 오픈한 적이 없는 사람도 많을 수 있기 때문에 발신하는 비법을 간단히 소개하겠습니다.

맨 처음 할 일은 출력 패턴을 정하는 것입니다. '말하기'·'쓰기'·'그리기' 중 당신에게 가장 적합한 패턴을 선택합니다. 되도록 자신의 직감으로 선택하시길 권합니다만, 어렵다면 아래의 기준을 참고하여 우선순위를 정하고 최적의 출력 패턴을 선택하십시오.

- 우선순위1: 당신이 '잘하고 좋아하는' 출력 패턴
- 우선순위2: 당신이 '잘하는' 출력 패턴
- 우선순위3: 당신이 '좋아하는' 출력 패턴

이어서 선택한 출력 패턴을 기초로 여러 플랫폼 중에서 자신의 아웃풋 홈(장소)을 살펴보는 작업을 합니다. 곧 자신이 잘하는 종목(말하기·쓰기·그리기)을 선택했다면, 자신이 잘하는 곳에서 전력투구하는 것입니다.

예를 들어 쓰기를 잘하는 사람이라면 휴일에 독서 요약 원고를 블로그에 업로드를 하거나, 이동하면서 간단하게 트윗을 하거나, 서평 사이트에 투고를 하는 식입니다. 말하기를 잘하는 사람은 읽은 책의 감상 등을 유튜브에서 열정적으로 풀어내봅시다. 그리기를 잘하는 사람은 책의 내용을 알기 쉽게 그래픽으로 표현하거나, 4컷 만화로 그려서 인스타그램 또는 트위터에 업로드를 해 보는 것이지요.

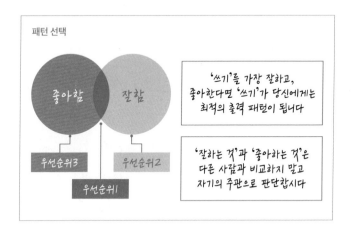

플랫폼 선택

| 말하기 | 쓰기 | 그리기 |

YouTube / 블로그 / Twitter / Instagram / 서평 사이트 / Voicy / note

이렇듯 자신에게 맞는 '출력 패턴'과 그 역량을 십분 발휘할 수 있는 '홈'의 공통 영역을 찾는 것이 인터넷 상에서 '발신'을 잘하는 비결입니다. 개중에는 여러 기지 플랫폼을 복수로 겸하여 아웃풋을 하는 재주 좋은 사람도 있겠지만, 익숙해지기 전이라면 한 가지로 좁혀서 자신이 즐길 수 있는 범위 내에서 도전해 보십시오. 단, 인터넷상에서의 발신은 잘못 사용하게 되면 자존감

이 저하되거나, 기분이 불안정해질 수 있다는 점에는 주
의하시기 바랍니다.

- 발신은 했지만 '좋아요'가 전혀 늘지 않는다
- 댓글이나 반응이 궁금해서 가만히 있지 못하겠다
- 다른 사람들의 투고 내용이 너무 궁금하다

실제로 많은 SNS 이용자들이 이러한 증상으로 괴
로워한다고 합니다. 이때, 중요한 마음가짐이 '집착하지
않는 것'입니다. 다시 말하면 내가 재미있었다면 그것으
로 만족하고 어디까지나 자신과의 대화에 집중하며 자
신의 감정에 솔직해지는 것이 오래도록 즐기며 꾸준히
발신하는 비결입니다.

"아웃풋 독서법을 배우고 점차 독서가 재미있어지
기 시작했습니다. 하지만 마지막 '발신'단계에서 자신
감이 사라져 독서 자체가 괴로워지고 말았어요." 이러
한 상태가 된다면 본전도 건지지 못한 셈인데다, 저자로

서 이것만큼 슬픈 일도 없을 것입니다.

그럴 때는 제2장에서 이야기한 아웃풋 독서법의 대원칙으로 돌아가 보십시오. 기억나십니까? '자신의 페이스를 놓치지 말 것'이 대원칙이었습니다. 이 원칙을 지키려면 타인과 비교하지 말고, 다른 사람의 인정을 구하지 않는 것이 중요하다고 말씀드렸습니다. 이러한 마음의 준비는 어떤 순간에든 소중합니다.

당신이 독서를 가장 오래도록 즐기게 하는 방법은 결론적으로 '당신 내면'에만 존재하며 이 책은 그것을 비추기 위한 거울에 지나지 않습니다. 짚고 넘어가야 할 최소한의 기본 유형은 모두 전달했습니다. 필요에 따라 참고하면서 당신만의 아웃풋 독서법을 발견해 나가시면 좋겠습니다.

제4장

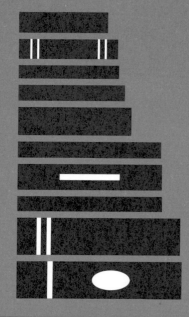

어떤 책을 골라야
할지 모르겠다면

세계 제일의 투자가에게 배우는 책 선택법

지금까지 '독서법'을 중심으로 이야기를 해왔습니다만, 이번 장은 '책 선택법'이 주제입니다. 큰맘 먹고 아웃풋 독서법을 실천하려 하니, "참 잘 읽었다!"라고 할 만한 좋은 책을 선택하고 싶을 테지요. 그래서 지금부터 누구나 적용할 수 있는 간단한 책 선택법을 2가지 소개하겠습니다.

첫 번째는 자신의 목적을 최우선하는 '투자가적 책 선택'이고, 또 하나는 자신의 지적 호기심을 최우선하는 '직감적 책 선택'입니다. 꼭 둘 중 하나의 방법을 선택해야 하는 것은 아닙니다. 개개인의 상황과 호감에 따라 달라질 수 있습니다. 단, 아웃풋 독서법은 자신의 '목적'을 최우선으로 하는 방법이기에 '투자가적 책 선택'에 중점을 두고 설명하고자 합니다.

세계 제일의 투자가로 알려져 있는 워런 버핏은 사업에 투자를 할 때 3가지 점에 유의한다고 합니다. 첫째는 단순하게 이해할 수 있는 사업일 것. 둘째는 안정된 사업 실적이 있을 것. 셋째는 장기적으로 전망이 밝을 것입니다. 그리고 이제부터 이야기할 '투자가적 책 선택'의 기본 태도는 마치 워런 버핏의 사업 투자에 대한 사고방식과 같습니다. 즉, 알기 쉽게 정리하면 이렇습니다.

- 자신이 이해할 수 있는 수준의 내용일 것
- 신뢰성이 높다고 판단할 수 있는 근거가 있을 것
- 시간이 지나도 가치가 쉽게 떨어지지 않는 내용일 것

이 3가지 필터를 통과하면 '왜 이런 책을 샀을까?' 하며 후회할 가능성이 낮아질 것입니다. 만일 이 3가지 조건을 모두 만족하는 '별 3개짜리' 책을 발견하기 어렵다면 적어도 별 1개 이상의 책을 사도록 합시다.

그리고 한 가지 더 다루어야 할 내용은, 누차 강조했듯이 자신의 '목적'입니다. 목적을 잊어버리면 자기 투자가 성립되지 않기 때문에 '내가 지금 이 책을 구매할 필요가 있을까?' 하고 구입 이유를 설명할 수 있어야 합니다. 반대로 "잘 팔리는 책이니 산다." "엄청 유명한 책이라서 구매한다." "추천받은 책이라서 산다."처럼 타인에게 결정권을 위임한 책 선택은 투자가적이라고 할 수 없습니다.

만에 하나 자신이 기대한 만큼 정보를 얻지 못했을 경우의 충격도 클뿐더러 자신에게 필요한 책을 분간하는 선구안도 기를 수 없습니다. 다른 사람의 의견이나 시류의 흐름에 맡기는 것이 아닌 자기 자신과 대화하며 스스로 결정해야 합니다. 지적 자산은 철저하게 자기 결정에 의해 형성되어야 합니다.

책 선택은 나를 아는 것부터

그렇다면 이제까지 이야기한 내용을 근거로 하여 투자가적 책 선택을 실천하기 위한 3단계를 구체적으로 소개하겠습니다. 1단계는 읽어야 하는 책의 '방향성'을 정합니다. 2단계는 읽어야 하는 책의 '주제'를 정합니다. 3단계는 읽어야 하는 책의 '예산'을 정합니다. 이렇듯 투자가적 책 선택은 3가지 '자기 결정'에 따라 성립됩니다. 실제로 해 보면 아시겠지만 하나도 어렵지 않으니 마음

투자가적 책 선택의 3단계

1단계		2단계		3단계
읽어야 하는 책의 방향성	▶	읽어야 하는 책의 주제	▶	읽어야 하는 책의 예산

놓고 계속 읽으십시오.

먼저 1단계 '읽어야 할 책의 방향성' 결정에 관해서 입니다만, 쉽게 말하면 어떤 장르를 읽을지 정하는 것을 뜻합니다. 주식 투자로 비유하자면, 어느 회사에 투자할 것인지가 아닌 어느 업계에 투자할 것인지 결정하는 이미지입니다.

여기서 그르치면 아무리 좋은 책을 골랐다 할지라도 자신의 목적에 부합하지 않을 가능성이 있으니 주의해야 합니다. 이를 방지하기 위해 책 선택에 앞서 '2가지 작업'을 시행해 둘 필요가 있습니다. 종이와 펜만 있으면 간단히 할 수 있으니 같이 해 봅시다.

① 자신의 본심을 종이에 적기

먼저 당신이 지금 고민하고 있는 걱정거리, 곤란한 점, 당장이라도 해결하고 싶은 문제를 떠올려봅시다. 그리고 떠오른 순서대로 그것들을 종이에 나열해 보시기 바랍니다.

(예)

- 누군가에게 도움이 되는 사람이라는 실감을 하지 못한다

- 샐러리맨으로 평생 먹고 살 수 있을지 불안하다

- 노후 생활이 걱정된다

- 회사 동기와 비교하면 자신감이 떨어진다

- 미움 받을까 두렵다

- 회식에 참석하고 싶지 않다

- 상사의 얼굴을 보고 싶지 않다

- 삶의 가치를 찾을 수 없다

덧붙여 말하면, 여기 써내려간 항목은 제가 입사 3년 차에 고민했던 걱정들의 일부입니다. 부정적인 요소들로 가득해서 부끄럽기 짝이 없지만 이러한 고민이 딱히 없는 분이라면 자신이 성취하고 싶은 일 등을 동일하게 적어 내려가 보십시오. 문장이 정돈되지 않더라도, 내용이 중복되더라도 괜찮습니다. 깊이 생각하지 말고 생각을 토해 내듯이 써봅시다.

② 그룹을 지어 방향성 도출하기

얼추 작성이 끝났다면 자신의 종이를 잘 들여다보십시오. 어쩌면 '회사 얘기밖에 없나?' '돈타령만 했네.' 등 '자신의 경향'이 드러나지 않습니까? 그렇다면 다음으로 할 작업은 '그룹 짓기'입니다. 즉, 비슷한 것끼리 카테고리로 분류하는 것입니다. 예를 들어 저의 입사 3년차 때의 걱정 리스트를 그룹 지으면 다음과 같습니다.

[그룹A]

- 누군가에게 도움이 되는 사람이라는 실감을 하지 못한다(자존감)
- 회사 동기와 비교하면 자신감이 떨어진다(자존감)
- 미움 받을까 두렵다(자존감)
- 삶의 가치를 찾을 수 없다(자존감)

[그룹B]

- 샐러리맨으로 평생 먹고 살 수 있을지 불안하다(돈)

- 노후 생활이 걱정된다(돈)

[그룹C]

- 회식에 참석하고 싶지 않다(인간관계)

- 상사의 얼굴을 보고 싶지 않다(인간관계)

많은 고민이 있지만 정리하면 '자존감', '돈', '인간관계'라는 3가지 그룹으로 나뉘어졌습니다. 이 항목들이야말로 나에게 있어서 지금 당장이라도 해결하고 싶은 주요 사항이며, '읽어야 하는 책의 방향성'을 제시합니다.

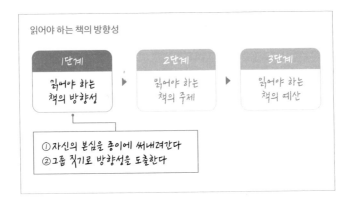

읽어야 하는 책의 예산 정하기

읽어야 하는 책의 방향성이 정해졌다면 다음으로 읽어야 하는 책의 주제를 정하는 2단계로 이동합시다. 여기서 해야 할 일은 무척 간단한데, 앞에서 나눈 그룹 중에서 당신에게 가장 우선순위가 높다고 판단되는 것을 한 가지만 선택하십시오. 그것이 당신이 '읽어야 하는 책의 주제'가 됩니다.

가령 '자존감', '돈', '인간관계'라는 3가지 그룹 중에 '인간관계' 영역이 가장 우선순위가 높다고 판단된다면 인간관계를 주제로 한 책 구입을 검토하면 됩니다. "3가지 주제에 관련된 책을 전부 사겠다."라는 선택지도 있겠지만 그리 추천하지는 않습니다. 왜냐하면 자신에게 가장 시급한 문제를 해결하면 그 밖의 문제도 연쇄적으로 해결되는 경우가 있기 때문입니다.

'인간관계'에 관한 고민이 해소된 덕분에 업무에 주력할 수 있게 되어 막연했던 미래에 대한 불안이 사라지

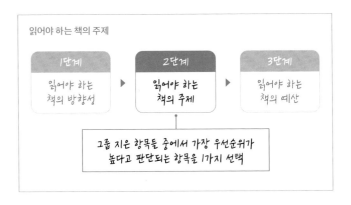

읽어야 하는 책의 주제

1단계		2단계		3단계
읽어야 하는 책의 방향성	▶	읽어야 하는 책의 주제	▶	읽어야 하는 책의 예산

그룹 지은 항목들 중에서 가장 우선순위가
높다고 판단되는 항목을 1가지 선택

고, 본래의 자신을 되찾게 되는 케이스도 드물지 않습니다. 따라서 모든 영역을 단번에 해결하려 하지 말고, 먼저 자신에게 최우선 순위로 뽑힌 주제를 선택하도록 합시다.

주제가 정해졌다면 3단계 '주제에 대한 예산'을 확정합니다. 즉, 그 주제와 관련한 서적에 최대 얼마까지 투사를 할 수 있을지 '한도 금액'을 설정하는 것입니다. 이를 테면 '인간관계'를 읽어야 할 주제로 설정하여, '5,000엔까지는 지불할 수 있겠다'라고 생각한다면 5,000엔이 당신의 예산이 됩니다.

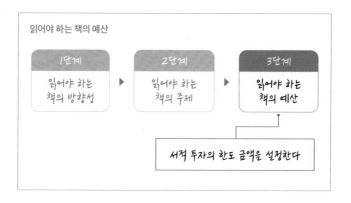

투자가적 책 선택은 어디까지나 투자이며, 명확한 '목적'을 설정하고 그 목적 달성을 제일로 하는 방법론입니다. 만약 5,000엔만큼 도서에 투자하여 인간관계의 근심을 해소하겠다고 마음먹었다면 그 범위 내에서 최선의 선택을 하면 되는 것입니다. 단, 서점에 가보면 아시겠지만 같은 주제의 책이 수십 권 있으면 어떤 것을 사야 할지 고민하게 됩니다. 그럴 때는 이번 장의 서두에서 언급한 내용을 떠올려 보십시오.

- **자신이 이해할 수 있는 수준의 내용일 것**

- 신뢰성이 높다고 판단할 수 있는 근거가 있을 것

- 시간이 지나도 가치가 쉽게 떨어지지 않는 내용일 것

이 3가지 필터로 판단하면 도움이 됩니다. "그래도 고르기 어렵다!"는 분들을 위해, 투자가적 책 선택에 맞춘 '리스크 분산형 구매'라는 기법을 소개하고자 합니다.

리스크 분산형 구매

리스크 분산형 구매란 '위험 요인을 나누어 일괄 구입하는 방법'을 말합니다. 원래 책을 대량으로 구입하는 사람이나 어떻게 해서는 현재의 상황에서 벗어나고 싶다는 열망으로 간절한 사람이라면 참고하시기 바랍니다. 머릿속으로 그리기 쉽도록 구체적인 사례를 들어 설명하겠습니다.

커뮤니케이션 능력의 부족으로 오랜 기간 속앓이를 해 온 회사원 A씨 사례입니다. 금요일 저녁, 흔들리는 전철에 올라 퇴근을 하던 A씨는 문득 이런 생각을 했습니다. '오랜만에 4일 연휴인데, 아무런 할 일이 없네. 그래, 보너스도 받았겠다, 책이나 잔뜩 사서 들어가자. 한 달 전에 읽은 아웃풋 독서법에서 내가 읽어야 할 책의 주제는 역시 커뮤니케이션 능력임을 확인하기도 했고, 투자 한도 금액은 1만 엔으로 설정도 해 두었지. 좋아, 결정했어. 1만 엔만큼 책을 구매하는 거야!' 이런 결정을 한 A씨는 떨리는 마음을 안고 대형 서점으로 향했습니다.

자, 여기서 질문입니다. A씨의 행동력은 매우 훌륭하지만 어딘가 위화감이 들지 않습니까? 아마도 A씨는 '투자가적'인 책 선택을 시도하려는 것이겠지요. 하지만 어딘지 모르게 행동은 투자가적이지 않은 인상을 줍니다. 그렇다면 이 위화감의 정체는 무엇일까요? 바로 1만 엔이나 책에 투자함에도 불구하고 자신이 떠안고 있는 리스크에는 시선을 두고 있지 않다는 점입니다.

'모처럼 1만 엔이나 들여서 책 대량 구매를 했는데, 커뮤니케이션 능력의 향상이라는 목적을 이루지 못했다……' 이것이 A씨에게는 최악의 시나리오입니다. 그 결과 자신감마저 상실하고 불필요하게 다른 사람들과의 대화를 피하게 될지도 모릅니다. 그래서 A씨의 사례는 투자라기보다 도박에 가까운 행위라고 할 수 있습니다.

투자를 한 이상 이루고자 하는 목적이 있으니 스스로 더욱 위험을 분산시키고, 컨트롤해야 할 필요가 있습니다. 즉, 자신에게 '가장 적합한 책 조합(구매 패키지)'을 만들어 목적에 부합하는 양서를 만날 확률은 높이고, 그렇지 않은 책을 접하게 될 확률은 낮춰야 합니다.

이와 같이 안전한 포트폴리오를 가지고 위험을 분산시켜 일괄 구매하는 방법이 리스크 분산형 구매입니다. 지금부터 리스크 분산형 구매 패키지에 포함시켜야 할 기본적인 다섯 작품에 대해 설명하겠습니다.

① 1인자의 대표작

자신이 읽어야 하는 주제가 무엇인지 알았다면 해당 분야 '1인자'의 대표작은 꼭 추가하도록 합시다. 왜냐하면 신뢰성이 높고 시간이 지나도 가치가 쉽게 떨어지지 않기 때문입니다. '커뮤니케이션'이 주제라면 그 주제를 오래 연구한 권위자는 누구인지, 커뮤니케이션의 달인으로 가장 성공한 인물은 누구인지, 책을 출판했다면 그 대표작은 무엇인지와 같은 정보를 구매 전에 조사해 두는 것입니다.

가능하면 국내뿐만이 아닌 해외로도 눈을 돌려 폭넓게 조사해 봅시다. 그러면 복수의 인물이 나올 것으로 예상이 되는데, 한 명의 저자만이 아닌 여러 저자의 작품을 균형 있게 안배하여 정보가 치우치지 않도록 하는 것이 좋습니다.

② 이해하기 쉬운 책

아무리 훌륭한 내용이 적혀 있다고 할지라도 자신

이 이해하지 못하거나 실천하지 못한다면 의미가 없습니다. 따라서 당신이 그 주제에 관해 직감적으로 '이건 알기 쉬운 걸!' 하고 느낀 작품은 구매 라인업에 추가하시기를 추천합니다. 최근에는 난해한 서적을 만화화하거나 요약본으로 출간하는 등 읽기 쉬운 콘텐츠도 많으니 적극적으로 이용하면 좋습니다.

③ 베스트셀러

가장 잘 팔린다는 판매 실적이 그 책의 신뢰성을 담보하는 것은 아니지만 팔리는 데는 그 나름의 이유가 있습니다. 자신에게 중요한 주제 의식에 관한 베스트셀러 작품이라면 어떤 모양이로든 깨달음 또는 배움을 얻을 수 있을 것입니다.

④ 고전 명작

새로운 주제에 관해 배우기로 한 이상 그 분야의 원리 원칙을 아는 것이 중요한데, 그 주제에 제대로 접근하게 하는 왕도는 자신이 추구하는 주제에 관한 고전 명작을 읽는 것입니다. 물론 모든 주제에 고전 명작이 존재하는 것은 아니지만 만약 고전 명작이 있다면 놓치지 말고 체크해 두어야 합니다.

⑤ 최신작

정보는 끊임없이 변하기 때문에 자신이 해결하고 싶은 주제에 관한 최신 작품도 반드시 리스트에 추가해 둡시다. 단, 책이라는 매체는 인터넷과 비교하면 현저히 '느린 미디어'이므로 그 정보의 신선함을 의심하는 눈을 장착하고, 인터넷과 같은 '빠른 미디어'와 아울러서 함께 살펴봅시다.

이상의 기본 다섯 작품을 패키지로 구성하여 장바구니에 넣어두고, 자신이 해결해야 하는 주제에 적합한 책을 일괄 구매하는 것입니다. 중고 서적을 구입하거나, 도서관 등을 이용하면 투자 금액도 절약할 수 있고 리스크를 분산시킬 수도 있습니다. 물론 이 다섯 작품을 반드시 전부 넣어야 하는 것은 아닙니다. 저마다 투자 한도 금액도, 포트폴리오에 대한 견해도 다르기 때문에 자기에게 맞는 리스크 분산형 구매를 구성하는 참고 자료로 활용하십시오.

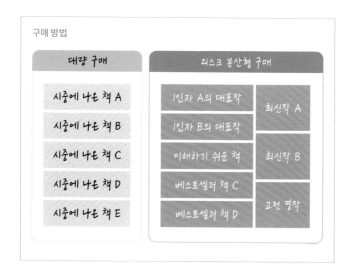

무뎌지지 않는 직감을 유지하는 기술

"행복의 비결은 이런 것이다. 되도록 흥미를 폭넓게 가져라." 이는 영국의 철학자 버트런드 러셀이 《행복의 정복》에서 한 말입니다. 분명 '자기 인생의 목적을 달성하는' 것만을 생각한다면 투자가적 책 선택만으로 충분할지도 모릅니다.

하지만 거기에만 함몰되어서는 '목적 바깥에 있는 넓은 세상'은 깨닫지 못하게 되고, 그 결과 행복의 비결인 '흥미의 폭'이 좁아질 가능성이 있습니다. 이렇게 시야가 협소해지는 불상사를 막기 위해서라도 투자가적 책 선택과 지적 호기심에 따른 '직감적 책 선택' 사이의 균형을 살펴보아야 합니다.

'직감적 책 선택'이란, 말 그대로 자신의 직감을 믿고 시행하는 책 선택 방법입니다. 따라서 만화나 소설 등 장르에 제한 없이 '이 책 재미있겠다!'라고 느낀 책이 있다면 실패를 두려워하지 말고 자신의 직감에 따라 한 권씩 읽기를 시도해 보면 좋을 것입니다.

'아무래도 내 직감 같은 걸 신뢰할 수는 없어……'
하는 분은 구입 전에 프롤로그(들어가며·머리말·서론·
서문 등)와 차례를 꼼꼼하게 읽어봅시다. 프롤로그와 차
례를 주의 깊게 체크하면 자기 직감의 정밀도를 높일 수
있습니다.

우선 프롤로그를 읽을 때 확인해야 할 점은 작품의
콘셉트입니다. 이 작품은 누구를 대상으로 하며 어떤
메시지를 전달하기 위한 목적으로 쓰였는지 파악하는
것입니다. 예를 들면 이 책의 프롤로그는 서두에 다음
과 같이 말하고 있습니다.

"사람은 독서를 통해 스스로를 지키고, 인생을 좋
은 쪽으로 이끌 수 있다."이 내용이 이 책에서 가장 전
하고픈 메시지입니다. 이를 실현하기 위해 가장 중요한
액션 포인트는 읽은 책에 대해 '아웃풋'을 하는 것이며,
그 방법론을 상세하고 구체적으로 소개하는 것이 이 책
의 역할입니다.

어떻습니까? 프롤로그를 읽는 것은 한마디로 말하면 '눈높이 맞추기'입니다. 저자가 그럴 듯한 말을 아무리 열정적으로 쏟아내더라도 눈높이가 맞지 않으면 '내가 듣고 싶은 말은 이런 게 아닌데……' 하고 말 테지요.

또 프롤로그는 저자가 어떤 생각을 작품에 녹여냈는가와 같은 '그 사람다움'을 알 수 있는 귀중한 정보의 원천이기도 합니다. 특히 저자에 대해서 잘 알지 못하는 경우라면 경력뿐만이 아닌 프롤로그에서 드러나는 '그 사람다움'을 포착하여 자신과 화학적 융합이 잘 일어나는지 느껴보는 작업도 중요합니다.

그리고 어떤 책을 사더라도 반드시 체크해야 하는 곳이 있는데 바로 '차례'입니다. 예를 들어 소중한 사람과 데이트 코스로 방문하려는 레스토랑을 찾아야 할 때 가게의 홈페이지나 내부 및 외부 사진만 보고 예약을 하지는 않습니다. 적어도 요리 사진이나 어떤 메뉴가 있는지 정도는 알아야 합니다. 이와 마찬가지로 책 선택에서도 메뉴 확인은 필수입니다.

내가 바라는 정보가 있는가? 나의 지적 호기심을
만족시켜줄 만한 주제가 있는가? 이런 식으로 자신의
마음속 감각에 집중하면서 차례를 가만히 읽어 내려가
는 것입니다. 이 작업 후에도 '이 책 재미있을 것 같다.'
라는 생각이 든다면, 그 직감은 당신에게 신뢰할 만하
다고 할 수 있습니다.

추천 기능으로 선택지 좁히기

"이 상품을 구입한 사람은 이런 상품에도 관심을
보였습니다.""이 기사를 읽은 사람은 이런 기사도 읽었
습니다." 인터넷 서핑을 하다보면 위와 같은 '추천 정보'
를 어렵지 않게 발견할 수 있습니다. 이는 레코멘드 엔
진이라고 불리는 기술로, AI가 유저의 행동 이력을 분
석하여 그 사람에게 적합한 정보나 상품을 레코멘드(추
천)해 주는 방식입니다. 레코멘드 엔진은 2010년에 아

마존에서 도입한 이래, 현재 많은 전자상거래 사이트, 동영상 전송 사이트, 뉴스 미디어 등에서 채택하고 있습니다.

아마존의 레코멘드 기능을 이미 이용하고 있는 분도 많으리라 예상되는데 이는 '책 선택'을 돕는 도구로도 사용될 수 있습니다. 링크를 따라가면 자신이 흥미를 가지고 있던 주제와 관련된 책들이 줄줄이 소개되기 때문에 '책 선택'을 할 때 무척 편리합니다. 물론 구입 판단까지 맡기는 용도는 아니고 구매를 가늠하게 하는 도구로서 활용하는 것으로, 레코멘드 기능과 북미디어를 병용하기를 추천합니다.

예를 들면 아마존에서 추천받은 책이나 그 관련 서적의 링크를 닥치는 대로 탐색한 다음, 관심이 가는 책이 있다면 주요 북미디어에 소개되어 있는지 여부를 확인하는 것입니다. 만일 소개되어 있다면 요약 원고나 개요를 읽고, 소개가 되어 있지 않다면 블로그 등에 업로드가 되어 있는지 찾아봅니다. 그 결과 더 자세히 알고 싶어진다면 그 책을 구입 후보 리스트로 스마트폰 등에 메모를 남겨 두는 것입니다.

물론 그 반대 패턴도 있습니다. 북미디어에서 재미있어 보이는 책을 발견한 뒤, 아마존에서 검색하여 관련 서적을 찾아봅니다. 구체적으로는 '함께 구입한 상품'과 '이 상품을 살펴본 사람은 이런 상품에도 관심을 보였습니다'에 해당하는 링크를 확인하면서, 저자의 대표작, 최신작, 그 외의 흥미로워 보이는 작품의 유무 등을 체크하고, 관심이 생긴다면 전부 메모하는 것입니다. 이러한 작업은 틈새 시간을 이용하여 후보 작품을 사전에 추려두고, 서점에 갔을 때는 실물을 확인만 하면 되기 때문에 굉장히 효율적입니다.

정보량이 폭발적으로 늘어난 요즘 시대에는 진짜로 원하는 정보나 상품을 손에 넣기가 예전만큼 쉽지 않습니다. 그렇기에 틈틈이 북미디어나 레코멘드 기능을 활용하여 일상적으로 '선택지를 추려나가는 작업'을 해 두는 것이 중요합니다.

남독할 것인가, 단독할 것인가

책 선택 방법론도 어느덧 한복판으로 접어들었습니다. 현시점에서 "이 정도라면 이제 나도 할 수 있을 듯하다." 하시는 분도 있을 테고, "어느 방법으로도 책 선택을 해낼 자신이 없다." 하시는 분도 있을 것 같습니다.

전자에 해당되시는 분이라면 지금부터 다룰 파트는 필요치 않을 가능성이 높기 때문에 바쁘시다면 다음으로 넘어가셔도 좋습니다. 후자에 해당되시는 분은 계속 이어서 따라오시기 바랍니다. 해결책을 제시하지도 않고 이대로 내버려 두고 가지는 않을 테니 안심하십시오.

"읽어야 할 주제도 찾지 못하겠고, 스스로 책 선택도 못할 것 같아!" 이런 상태에서 벗어나기 위해서는 '책에 파묻히'거나 '책에서 멀어지는' 2가지 방법 중 어느 쪽으로든 나아가면 안개 속에 가려져 있던 길이 보이기도 합니다.

우선 '책에 파묻히기'를 한마디로 말하면 '남독濫読'

입니다. 무엇을 읽을지, 어떤 장르를 읽을지 같은 고민은 일절 하지 않고, 잘 팔리는 책부터 화제가 된 책까지 무조건 읽어나가는 것입니다. 특히 '부족한 정보'가 근본적인 원인일 경우에는 남독함으로써 대량의 정보를 접한 결과, '자신이 그토록 간절히 찾고 싶었던 주제'를 찾게 되는 경우가 있습니다.

예를 들면 지금까지의 인생을 되돌아보았을 때 공부나 업무 등 어쨌든 한 가지 일에만 몰두하며 살아온 탓에 자신이 무엇을 하고 싶어 하는지 발견하지 못한 상태인 사람이라면, '남독'을 시도해 볼 가치가 있다고 생각합니다. 다만, 이는 시간이 걸리는 작업이기 때문에 반년에서 1년 정도로 남독할 기간을 사전에 정해 두는 편이 좋습니다.

한편 평소 스마트폰이나 책에서 많은 정보를 받아들이고 있음에도 불구하고 자신이 무엇을 하고 싶은지 방향성을 찾지 못해 어떤 책을 읽어야할지 갈피를 잡지 못하고 있는 분도 계시겠지요.

그럴 때는 과감하게 '책에서 멀어지기', 곧 '단독斷読' 하는 것도 효과적인 선택지 중 하나입니다. 앞서 언급한 '책에 파묻히기'와는 정반대의 접근입니다. 구체적으로는 책을 포함한 모든 미디어로부터의 정보 유입을 차단하고 평소처럼 생활하는 '일상'에 집중하며 '관찰'하는 것입니다.

수시로 들르는 편의점, 매일 보는 상점, 항상 만나는 가족과 친구의 표정, 언제나 지나다니는 가로수 길을 찬찬히 관찰해 보십시오. 분명 여느 때와 같은 구석이 하나도 없다는 사실을 발견할 것입니다. 편의점의 상품도, 길가의 건물이나 광고도, 늘 보는 친구의 표정도, 나무마다 무성한 잎들의 색깔도 매번 똑같지는 않습니다. 이러한 작은 변화에 꾸준히 관심을 두면 조금씩 '위화감 센서'가 작동합니다.

예를 들면 '최근 편의점에 비치된 책에 역사물이 많아진 이유가 뭘까? 그리고 잡지 특집 기사에도 비슷한 주제가 많아.' '젊은이들의 거리라더니 생각만큼 지나다니는 청년들이 안 보이네.' '올해 들어 어쩐지 A씨의 웃는 얼굴 보기가 힘든 것 같아. 무슨 걱정이라도 있는 걸까?'와 같이 작은 변화들을 포착하게 됩니다.

이러한 습관을 들이면 세상에는 믿을 수 없을 만큼 많은 양의 '개선점'이 있다는 사실을 발견합니다. 개중에는 혼자만의 힘으로는 어쩔 도리 없이 복잡한 사회 문제도 있습니다. 그러한 반면 당신의 사소한 말이나 행동에 따라 문제가 해결이 되거나, 누군가를 미소 짓게 하거나, 기쁘게 해줄 수 있는 무언가도 분명히 있습니다. 만약 그 방법을 찾았다면 그대로 두어서는 안 됩니다. 왜냐하면 그것은 당신 인생에 중요한 주제가 될 씨앗이기 때문입니다.

스마트폰에서 얻는 정보에 빠져, 매일 떠들썩한 환경에 파묻혀만 있다면 일상에서 인생의 비밀을 얻는 감각이 둔해집니다. 그러니 '미디어로부터 정보는 충분히 수집하고 있지만 마음이 읽고 싶어 하는 책이나 테마가 찾아지지 않는' 사람은 다른 누군가의 필터 없이 그저 순수하게 자신의 발로 걸으며 자신의 눈으로 주변 세상을 찬찬히 바라봅시다. 그럴 때 작은 변화에 주목하게 되고 개선점을 찾아 '지금 자신이 할 수 있는 일'이 무엇일지 궁리하게 됩니다.

책을 읽지 않아도 일상생활에 지장이 있는 것은 아니니 다른 무엇보다 당신의 페이스에 집중하십시오. 괜찮습니다. 초조해할 필요는 전혀 없습니다. 융통성을 갖고 일상을 관찰한 결과로 삶을 바라보는 눈이 열렸다면 그때 다시 이 책으로 돌아오시면 됩니다.

빠른 효과의 덫

투자가적 책 선택과 직감적 책 선택이라는 두 종류의 책 선택법에 대해 이야기했습니다만, '공통 주의사항'이 한 가지 있습니다. 바로 '빠른 효과를 기대하지 말 것'입니다. 이는 책에 국한되지 않고 모든 상품과 정보 매체에도 적용할 수 있습니다.

일찍이 독일의 철학자 쇼펜하우어는 "독서를 대하는 마음가짐으로, 읽지 않고 넘기는 기술이 매우 중요하다."고 했습니다. 무엇을 읽을지 정하는 일도 중요하지만 그 전에 무엇을 읽지 않을 것인지를 가려내는 일도 중요합니다.

저는 되도록 선입견을 갖지 않고 제대로 내용을 훑어보고 구입 여부를 판단하려고 합니다만 '즉효성'을 전면에 내세우고 있는 책을 읽을 때는 경계심을 풀지 않으려고 주의합니다. "단숨에 해결된다." "눈 깜짝할 새에 익힌다." "○○능력이 순식간에 좋아진다."와 같은 문구가 있으면 확실히 순간적으로 손에 쥐고 싶어집니다. 왜냐하면 누구든 1초라도 빨리 문제를 해결하여 고민을 덜고 싶기 때문입니다.

하지만 실제로 구입해 보면 특별한 조건이 붙거나, 효과가 잠시 동안만 유지되거나, 오래되어서 잘못된 정보인 경우가 적지 않습니다. 물론 호기심을 불러일으켜

손길이 가게 하지 않으면 매출은 일어나지 않기 때문에 즉효성을 강조하는 모든 매체가 틀렸다고 생각지는 않습니다. 또 장르에 따라서는 정말로 한순간에 해결되는 테크닉이 쓰여 있을지도 모를 일이지요.

그러나 당신의 고민을 순식간에 해결해줄 엄청난 방법이 만약 있다면 그 정보는 금세 인터넷에 확산되어 당신이 골머리를 앓고 있는 고민 자체가 이 세상에서 사라졌을 것입니다. 제1장에서도 이야기했듯이 독서는 식사에 가까운 행위입니다. '한 번의 식사'로 갑자기 건강해지거나 별안간 발이 빨라지기를 누구도 기대하지 않듯이 '한 번의 독서'로 빠른 효과를 기대해서는 안 됩니다.

고전에 실패는 없다

어떤 책을 선택하더라도 실패할 가능성이 없는 유일한 책, 바로 '고전'입니다. 어쩌면 '고전'이라는 소리를

들었을 뿐인데 '어려울 것 같아⋯⋯.' 하고 한 걸음 물러
서신 분도 있으시겠습니다만, 고전이 선사하는 충만함
은 말로 다 헤아릴 수 없습니다. 그렇다면 고전을 읽으
면 대체 어떤 이익이 있을까요? 저는 크게 3가지가 있다
고 생각합니다.

첫 번째는 동서고금을 막론하는 보편적인 지혜를
배울 수 있다는 점입니다. 통상적으로 책이라는 매체는
시대가 흘러가며 점점 멀어지기 마련입니다. 왜냐하면
시간이 흐르면 정보가 오래되어 효용성이 떨어지기 때
문입니다. 하지만 수백, 수천 년 역사의 풍파를 견디며
읽혀져 내려온 고전은 다릅니다. 아무리 시대가 달라지
고 해가 바뀌어도 가치가 떨어지지 않습니다.

예를 들면 세계 최고의 전략서로 불리는 《손자병
법》. 이 책은 마이크로소프트를 창립한 빌 게이츠를 시
작으로 수많은 훌륭한 경영자들의 사랑을 받는 책입니
다. 고전에서 얻을 수 있는 지혜는 오늘날의 사업이나
사생활에도 십분 응용할 수 있는 보편적인 내용이며, 평

생 도움이 되는 영구적인 자산입니다.

두 번째는 위대한 현인의 힘을 빌릴 수 있다는 점입니다. 누구라도 살아있다면 견딜 수 없는 고난이 들이닥치는 일이 있습니다. 그럴 때 고전을 읽으면 현인의 강력한 말에 의해 궁지에서 빠져나오는 경우가 있습니다. 예를 들어 로마의 황제였던 마르쿠스 아우렐리우스라는 인물을 아십니까? 그는 로마가 가장 번영했던 5현제시대(96년~180년)의 마지막 황제로, 군사력보다 철학을 사랑한 '철인哲人황제'로 알려져 있습니다.

그림책 속 세상에서 왕은 자유로이 즐거운 생활을 누리는 이미지가 있습니다. 그런데 현실은 그렇지 않습니다. 한 나라의 지도자인 로마 황제의 공무는 아무래도 공사다망하고, 그토록 사랑하는 '철학 시간' 같은 것은 거의 확보할 수 없는 것이 실정이었을 것입니다. 마르쿠스 아우렐리우스도 인간인지라 압박도, 스트레스도 있었을 테지요. 우리도 그러하듯 자유로운 시간을 원했을 것입니다.

하지만 그는 자신의 뜻대로 이룰 수 없는 입장이었습니다. 황제라는 자리에 있는 이상, 괴롭다는 이유로 그만둘 수도 없는 노릇입니다. 그래서 마르쿠스 아우렐리우스는 '철학'으로 자신의 구원을 추구했습니다. 틈새 시간을 찾아서는 스스로 사색한 내용을 노트에 기록하며, 자신의 정신을 필사적으로 지탱해 나갔습니다. 그 노트는 《명상록自省錄》으로 불리며 2천 년이 지난 지금까지도 전 세계에서 꾸준히 읽히고 있습니다. 대통령이나 저명한 스포츠 선수가 곁에 두는 책으로 《명상록》을 꼽는 이유는 이 고전이 '도망치지 않고 운명에 맞서는 힘'을 선사해주기 때문임이 분명합니다.

세 번째는 궁극의 감성과 사고를 접할 수 있다는 점입니다. 고전이란 어떤 특정 분야에서 비상한 재능을 지닌 인물의 작품입니다. 따라서 고전을 읽음으로써 뛰어난 위인들의 빛나는 사고와 날카롭고 예민한 감성의 일단을 엿볼 수 있습니다.

예를 들면 "나는 생각한다. 고로 나는 존재한다."

라는 말로 유명한 프랑스의 철학자 데카르트의 대표작 《방법서설方法序説》을 읽으면 '의심하기'를 극한까지 파고 든 인간의 사고가 어떠한지 더듬어볼 수 있습니다. 또 셰익스피어의 대표적인 희곡인 4대 비극 《맥베스》, 《햄 릿》, 《오셀로》, 《리어왕》을 읽으면 인간의 본질을 날카 롭게 꼬집은 천재 극작가의 감성에 젖어들 수 있습니다.

고전을 읽는다는 것은, 말하자면 세계 유산을 방문 하는 것과 같습니다. 바로 근처에 있는데 한 번도 들러 보지 않는다면 기회 손실이라 할 것입니다. 물론 무작 정 원서를 접하기에는 진입 장벽이 높을 수도 있습니다. 그래도 서점에는 이해하기 쉽도록 만화로 된 책도 있고, 작품에 따라서는 영화로 만들어진 것도 있습니다. 우선 은 '이해하기 쉬운 버전'을 효과적으로 활용하고, 언젠 가 고전의 문을 열어보시기 바랍니다.

당신에게 선택된 책은 어느 것이든 당신의 일부가 되고, 당신의 운명을 만드는 재료가 됩니다. 결국 책을 선택한다는 것은 인생을 선택하는 것입니다. 이 책에서 소개한 책 선택법을 참고로 하여, 부디 많은 책과의 만남을 즐기게 되시기를 바랍니다.

제5장

책을 내 것으로 만들고 싶어요

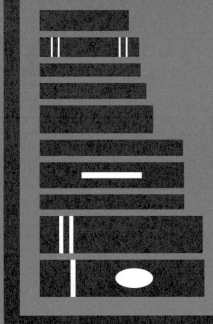

독서는 자기 형성이다

이번 5장으로 이제 마무리가 됩니다. 페이스 조절은 잘하고 계신가요? 휴식은 취하셨나요? 중간에 아웃풋은 하셨는지요? 조금만 더 가면 목적지이니 부디 끝까지 자신의 페이스대로 읽어나가시길 바랍니다. 그럼 마지막을 향해 떠나봅시다.

식품에는 단백질, 지방, 탄수화물 외에도 미네랄이나 비타민, 식이섬유 등 우리의 건강에 없어서는 안 될 영양 성분이 포함되어 있습니다. 이와 마찬가지로 책에도 인간의 내면을 풍성하게 채워주는 다양한 영양 성분이 존재합니다.

　자신의 시간과 돈을 들여 책이라는 식자재를 선택한 것인 만큼, 최소한 그 안에 포함되어 있는 영양소에 관한 지식은 지니고 있어야 할 것입니다. 하여 이번 5장에서는 아웃풋 독서법의 최종 마무리로서 독서를 하며 '무엇을 인풋할 것인가?'를 주제로 이야기하겠습니다.

　"어떤 음식을 먹고 있는지 말해 보시오. 당신이 어떤 사람인지 알아 맞혀 보겠소." 이는 프랑스의 정치가이자 미식가로도 알려진 브리야사바랭의 말인데, 이 책에서 전하고픈 인풋의 본질을 말로 멋지게 표현하고 있습니다. 결국 어떤 것을 자신에게 수용했는가를 뜻하는 '인풋의 역사'가 어떤 사람이 되는지를 결정한다는 말입니다.

　천천히 기억을 더듬어보십시오. 어렸을 때 혈육이나 형제에게 들어온 말. 학창 시절, 친구가 무심코 내뱉은 악의 없는 한마디. 자신의 마음을 위로해준 친구의 메시지. 회사 선배나 상사에게 들은 질타와 격려. 스마트폰을 열 때마다 표시되는 지인들의 투고. 정말 좋아하는 소설이나 만화의 대사. 이처럼 자신의 감각 기관을 통해 들어온 모든 정보가 '인풋의 역사'이며 자기 형성에 커다란 영향을 미칩니다.

즉, 인풋이란 자신에게 '독'으로도 '약'으로도 작용할 수 있는 행위이며, 독서 또한 예외는 아닙니다. 하지만 안심하십시오. 이제부터 책에는 어떤 요소가 포함되어 있으며, 어떻게 자신에게 흡수시켜야 하는지 세세하고 차분하게 풀어보겠습니다. 이를 정리해 두면 책 선택의 정밀도가 향상되고 아웃풋 독서법의 효과도 한층 더 높아질 수 있습니다. 그럼 시작하겠습니다.

정보의 균형 잡기

오늘날의 정보 과잉 사회는, 마치 인공적으로 만들어져 식용으로 쓰이는 푸아그라 농장과 같습니다. 어린

이부터 성인까지 '정보'라는 먹이를 과도하게 공급받은 결과, 스트레스가 극심해지고, 인간다운 생활을 누리지 못하는 사람이 많은 듯합니다. 자신의 인생에서 불필요한 정보를 대량 섭취하면 정신에 쓸모없는 지방이 붙고, 스트레스가 많아집니다. 이를 방지하기 위해서라도 평소에 인풋 해야 할 정보와 그렇지 않은 정보를 구분하는 눈을 키워둘 필요가 있습니다.

그러기 위해 먼저 알아두어야 할 내용은 '정보의 3대 영양소(노하우·사실·사상)'에 관한 것입니다. 이 3가지

는 책, TV, 잡지, 신문과 같은 다양한 정보 매체에 반드시 포함되는 주요 영양소이며, 자기 형성에 강력한 영향을 주는 개념들입니다. 그렇다면 순서대로 살펴봅시다.

① 노하우

어떤 일을 달성하기 위해 필요한 방법이나 수순, 또는 순서나 비결 등의 지식이 바로 노하우입니다. 예를 들어 비즈니스 서적은 정보의 3대 영양소 중에서 노하우가 차지하는 비율이 높은 정보 매체라고 할 수 있습니다.

노하우는 인간의 일이나 사생활 등의 생산성을 높여주는 현대 사회에서 없어서는 안 될 영양소입니다. 노하우 섭취에서 가장 주요한 부분은 섭취하는 '타이밍'과 섭취 후의 '행동'입니다. 자신이 필요하다고 생각한 타이밍에 노하우를 인풋하고, 곧바로 행동으로 옮겨 그 효과를 검증하는 것이지요.

이 영양소를 접할 때 주의해야 할 점은 '노하우 수집가가 되지 말 것' 외에는 없습니다. 스마트폰 한 대로 무엇이든 조사할 수 있는 좋은 세상에서 '지금 필요치 않은 노하우'를 수집하는 것만큼 무의미한 것은 없습니다. 쓸모없는 지식은 엉덩이를 무겁게 해서 행동을 굼뜨게 할 우려가 있기 때문에 과잉 섭취에 상당히 주의해야 합니다. 특히 비즈니스 서적은 '노하우 덩어리'이므로 '지금 필요한 주제에 해당하는 책을 고르고, 지금 필요한 정보를 취사선택하여, 곧바로 행동할 것'을 염두에 두고 이용해야 합니다.

② 사실

사실이란 실제로 일어난 일이나 현실에 존재하는 사정을 의미합니다. 예를 들어 2018년 FIFA 월드컵의 우승국은 프랑스이고, 일본의 수도는 도쿄라는 것은 누가 보더라도 명백한 사실입니다.

이 '사실'이라는 영양소에는 인간의 의사 결정을 돕는 효과가 있습니다. 대량으로 장을 봐야할 때, 취직이나 이직을 할 때, 신규 사업을 구상할 때와 같은 상황에서 의사 결정을 하기 위해서는 반드시 그 근거가 되는 사실이 필요합니다. 또 세상의 많은 사람이 현재 세계에서 일어나고 있는 사실을 알고자 신문을 읽고, 자신과 자신이 살아가는 사회에 관한 올바른 의사 결정을 하기 위해서 뉴스를 봅니다.

사실이라는 영양소를 섭취할 때 주의해야 할 점이 2가지 있습니다. 한 가지는 아무런 목적 없이 관계없는 사실을 수집하지 말아야 한다는 점입니다. 그리고 또 다른 한 가지는 사실과 해석을 혼동하지 말아야 한다는 점입니다.

이 세상에는 자기 인생의 목적이나 의사 결정에 구애되지 않는 '아무래도 좋을 사실'이 무한히 있습니다. 한편 인생은 유한하며 자신이 완수해낼 수 있는 일도 한정되어 있습니다. 그런데 자신과 목적도, 관계도 없는 사실만 수집한다면 시간은 눈 깜짝할 새에 사라져 버리고 맙니다. 그러므로 사실을 좇을 때는 꼭 자신의 목적과 그 관계성을 고려하여 수집하는 것이 중요합니다.

또 사실과 해석을 혼동해서는 안 되는 이유는 상황 판단이나 의사 결정을 그르칠 가능성이 있기 때문입니다. 사실이란, 만약 100명이 있다면 그 100명이 '그래, 그 말이 맞아!' 하고 납득하지 않을 수 없는 명백한 사정을 말하는 것으로 시간과 공간 안에 실재하는 것입니다. 한편 해석은 사람에 따라 의견이 갈리는 정보로, 다양성과 자의적인 이해의 여지가 있는 것입니다.

예를 들어 중대한 결정을 내려야 하는 의사는 무엇에 기초하여 병명을 판단하고 치료 방법을 정할까요? 사실일까요? 아니면 해석일까요? 의료 기관에 가면 체온 및 혈압을 측정하기도 하고, 혈액이나 소변을 채취하기도 합니다. 이는 우리의 몸이 말하는 '사실'을 뽑아내는 조치입니다. 그리고 그 사실에 근거하여 병명이 내려지고 치료가 진행됩니다.

반면 사실을 검증하지 않고 '왜인지 기분이 좋지 않다'와 같은 개인적인 '해석'으로 진단을 한다면 어떻게 될까요? 올바른 치료가 이루어지지 않고 그 결과 목숨이나 건강에 위험을 초래하리라는 것은 불 보듯 뻔합니다. 중요한 의사 결정에 있어서 사실과 해석은 '헷갈려서는 안 될 위험'입니다.

특히 미디어나 사람을 통해 흘러나오는 정보는 사실과 해석이 깔끔하게 분리되어 있지 않고, 위장한 무늬처럼 사실과 해석이 혼연일체가 되어 있습니다. 앞으로 당신은 중대한 상황 판단이나 의사 결정을 해야만 할 때, 인터넷이나 책 등의 모든 수단을 활용하여 정보 수집을 하게 될 것입니다. 그럴 때 '이것은 사실인가? 아니면 해석인가?' 하고 일단 멈춰 서서 사실과 해석을 구분해야 함을 잊지 마십시오.

③ 사상

인생이나 사회에 관하여 바라보는 시선을 사상이라고 합니다. 예를 들어 서양 철학, 동양 철학, 종교 등은 사상이라고 불리는 커다란 틀 안에 존재하는 것들입니다. 사상이라고 하면 노하우나 사실에 비하여 어쩐지 딱딱한 이미지가 있습니다. 하지만 이 '사상'이라는 영양소는 공기와 같이 주변에 존재하고 있으며, 사람은 누구나 자연스럽게 체내에 받아들이고 있습니다.

당신이 일상적으로 접하고 있는 문학 작품, 영화, 예술, 음악을 상상해 보십시오. 이러한 작품에는 창작자의 사상이 높은 순도로 포함되어 있는 소위 '사상 그 자체'이지요. 이 사상이라는 영양소는 인간의 감성과 이성을 갈고닦아 자기 형성과 자기 이해를 돕는 효능이 있습니다. 즉, 상대방의 기분이나 생각을 깊이 이해하거나 자신이 하고 싶은 일을 판별하여 살아가야 할 길을 명확히 설정해줍니다.

단지 사상을 배우고 싶다고 해서 누구나 서양 철학이나 동양 철학부터 시작해야 한다는 법 같은 건 없습니다. 예를 들어 당신이 존경하는 인물의 전기, 자서전, 에세이 등을 읽는 것도 사상을 접하는 행위 중 하나입니다. '어려운 책을 읽어야 해!' 하며 긴장할 필요는 없으니 당신이 관심 있는 영역부터 손을 대봅시다.

사상이라는 영양소를 새로이 받아들일 때의 자세로 챙겨두어야 할 사항이 2가지 있습니다. 한 가지는 '절대적 정답이라 여기지 말고 비판적인 눈으로 받아들일 것', 또 한 가지는 '광범위하게 알 것'입니다.

일반적으로 오래도록 살아남는 사상은 인간의 정신에 강렬한 영향을 미치는 힘이 깃들어 있습니다. 그렇다고 무비판적으로 받아들이면 그 힘에 압도당해, 시간을 들여 구축해 온 당신 자신만의 사상을 빼앗기고 맙니다.

어디까지나 사상을 탄생시킨 인물과 당신은 다른 사람이며, 자라온 환경도, 처지도, 시대도 다릅니다. 따라서 당연히 다르다는 전제를 세워두고 '왜 이 인물은 이런 생각을 갖게 된 걸까?' 하고 비판적으로 그 인물의 사상을 대해야 합니다. 그리고 다른 사상은 알지 못한 채 한 가지 사상에만 치우치면 균형이 틀어지기 때문에 반대편 입장에 있는 사상 등을 포함하여 폭넓게 연구하면 좋습니다.

기억해야 할 것은 어떤 책이든, 지금 소개한 '정보의 3대 영양소(노하우·사실·사상)'가 서로 다른 비율로 함유되어 있다는 것입니다. 또 각 영양소의 효과, 섭취 시의 주의 사항 등을 참고하면 현재 자신에게는 어떤 영양소가 부족한지, 반대로 어떤 영양소를 과잉 섭취하고 있는지가 명확해질 것입니다.

단, 이것들은 어디까지나 주된 영양소일 뿐이며, 책에서 얻을 수 있는 효능의 전부를 설명한 것은 아닙니다. 이밖에도 책에는 당신의 인생을 호전시킬 만한 요소가 차고도 넘칩니다. 그중에서도 특히 짚어둘 가치가 있는 요소들에 관하여 이제부터 이야기하고자 합니다.

저자의 표현력 훔치기

"내 생각을 내 말로 옮기기가 힘들어요." 이런 고민으로 괴로우신 분은 책에 포함된 '언어 표현' 요소에 주목하여 독서를 하면 좋습니다. 일본 문부과학성의 학습 지도 요강에서 다가올 시대에 필요한 능력의 한 가지로 '표현력'을 꼽았습니다.

표현력이란 자신이 느끼고 생각한 것을 제3자의 인상에 남도록 효과적으로 전달하는 능력입니다. 예를 들어 효과적인 발표, 양호한 인간관계를 구축하는 커뮤니케이션, SNS에서 공감을 받는 정보 발신, 마음을 움직이는 음악이나 그림이나 댄스, 이러한 모든 것은 '풍성한 표현력'이 있어야만 할 수 있습니다.

특히 현대 사회는 국적이나 민족 등을 초월하여 대화를 하거나 한 개인이 인터넷을 기반으로 자신의 의견을 자유롭게 표현하는 현상이 당연해졌습니다. 그러므로 '말에 의한 표현력'을 갈고닦는 일은 굉장히 중요합니다.

그렇다면 어떻게 해야 '말에 의한 표현력'을 기를 수 있을까요? 결론부터 말하면, 일류로 손꼽히는 작가의 문학 작품을 읽는 것이 확실한 방법입니다. 하지만 업무나 개인적인 일 때문에 바빠서 그렇게까지 시간을 뺄 수 없는 분도 많으리라고 생각됩니다. 만일 그렇다면 처음부터 끝까지 다 읽으려 하지 말고 과감하게 '언어 표현'만 슬쩍합시다.

실제로 적용하는 방법을 소개하자면, 우선 누구나 알 만한 우수 문학 2~3권을 뽑아보십시오. 그 다음엔 작품의 페이지는 무시하고 아무 곳이나 펼칩니다. 그리고 단어 선택 감각이나 경치 묘사의 정교함과 같은 언어 표현에만 주목하여 읽어나가는 것입니다. 물론 일반적인 소설 등에서는 이렇게 난폭한 읽기 방법을 추천할 수는 없습니다. 하지만 정말 훌륭한 문학 작품이라면 어느 페이지를 펼치더라도 수려한 언어 표현을 발견할 수 있기 때문에 이처럼 사치스럽게 골라 읽을 수 있는 것입니다.

또 마음이 가는 한 문장을 발견했다면 묵독으로 끝내지 말고 반드시 '음독'을 하십시오. 실제로 시도해 보면 잘 알게 될 텐데, 당신이 고른 문장 중에는 마치 맥박을 때리는 듯 독특한 리듬이 새겨져 있는 한 문장이 있을 것입니다. 그것이 바로 문장의 박자(리듬)로 불리는 것인데, 논리적인 이치가 아닌 자신의 오감을 사용하여 체험하지 않으면 얻을 수 없는 참다운 묘미입니다. 박자가 좋은 문장이란 목 넘김이 좋은 맥주처럼 독자에게 상쾌함과 몰입감을 선사합니다. 이렇게 훌륭한 표현을 해내는 사람의 감성은 그저 작품으로만 만나는 것이 아니라 자신의 감각 기관을 총동원하여 흡수해야 합니다.

아이디어 소재를 머릿속에 담다

책에 포함되어 있는 요소 중 한 가지로 무시할 수 없는 것이 '아이디어 소재'입니다. 《60분 만에 읽었지만 평생 당신 곁을 떠나지 않을 아이디어 생산법》에 따르면 '아이디어는 기존에 있는 요소의 새로운 조합'입니다.

즉, 맨땅에서 새로운 아이디어를 생성해낸다기보다

기존에 있는 것들을 새로이 조합함으로써 아이디어가 나온다는 것입니다. 그 대표적인 사례가 아이폰^{iPhone}입니다. 스티브 잡스는 누구나 알고 있는 '음악 플레이어, 휴대전화, 인터넷'이라는 3가지의 기존 요소를 새롭게 조합함으로써 전 세계에 아이폰 붐을 일으켰고, 사람들은 열광했습니다.

결국 머릿속에 있는 별난 소재를 아무리 곱씹을지라도 아이디어의 원천이 될 재료(기존에 알려져 있는 물건이나 일)가 없는 이상, 새로운 발상은 떠오르지 않는다는 것입니다. 또 제임스 웹 영은 훌륭한 창조성을 발휘하는 사람에게는 인생의 모든 방면의 지식을 거침없이 받아들이는 특징이 있다고 말합니다. 요약하면 지적 호기심에 의해 자신의 세계를 점점 밖으로 확장시켜 나간다는 뜻입니다.

제4장에서 '투자가적 책 선택'과 '직감적 책 선택'의 균형이 중요하다고 설명했습니다만, 그렇게 말씀드린 이유 중 하나가 바로 여기에 있습니다. 자신의 지적 호

기심에 따라 책을 읽는 행위는 자신이 알지 못했던 미지의 영역을 이미 알고 있는 영역으로 전환하여 새롭게 추가하는 작업입니다.

그렇게 알게 된 새로운 정보는 기존 요소, 곧 '아이디어 소재'가 되어 당신의 뇌 속에 저장됩니다. 당연한 소리지만 소재가 많으면 많을수록 조합할 수 있는 경우의 수도 많아지기 때문에 소재끼리의 화학 반응이 일어날 확률도 높아집니다. 게다가 소재 적립이 많아지는 현상은 자신이 볼 수 있는 관점이 많아진다는 말이기도 합니다. 이로써 한 가지 사물을 다각적으로 고찰하게 되고 큰 어려움 없이 한층 더 신선한 발상을 하게 됩니다.

인생의 사례 연구를 축적하다

독서로 얻을 수 있는 최대의 효용 중 하나는 '인생

사례 연구'를 할 수 있다는 점입니다. 다른 사람의 성공 사례, 실패 사례를 무수히 많이 접한 사람은 인간 사회의 공통 패턴이나 인생에서 벌어질 가능성이 있는 경향을 파악하고 있기 때문에 미래를 상상하며 대책을 세워 나갈 수 있습니다. 그 덕분에 자신의 인생을 생각한 대로 손쉽게 컨트롤하게 됩니다.

예를 들어 중학교, 고등학교, 대학교 입학시험이나 자격증 시험, 어느 것이든 좋으니 중요한 시험을 앞두었을 때의 자신을 떠올려 보십시오. 어쩌면 시험 대비를 위해 '기출 문제'를 풀어보는 것과 같을 지도 모릅니다.

과거에 나온 문제는? 출제 빈도가 높은 문제는? 자주 연달아 나오는 문제는? 이렇게 시험 경향을 분석하며 대책을 세웠던 기억이 있으시겠지요. '수험'을 공략하려면 과거 기출 문제가 필수라는 것 정도는 저도 여러분도 인지하고 있는 사실이며, 굳이 말하지 않아도 누구나 실천하고 있을 것입니다. 그런데 '인생'을 공략하는 경우라면 어떨까요? 독서 기피라는 단어가 증명하듯이 책을 통해 인생의 기출 문제인 사례 연구를 접한 사람은 의외로 그 수가 적습니다.

인생이란 어떠한 수험 공부보다 길고 가혹한 서바이벌 게임입니다. 더욱이 시험 문제처럼 정답이 있는 것도 아니지요. 따라서 사례 연구를 일절 획득하지 못한 채로 산다는 것은 기출 문제 없이 가장 높은 등급의 대학 수험을 치루는 것과 같습니다. 상당한 재능이 없는 이상, 그 사람은 무기나 방패 없이 전쟁에 뛰어든 셈이므로 인생이 힘들어집니다.

그렇다면 '사례 연구'라는 요소를 손에 넣기 위해서는 어떻게 해야 좋을까요? 결론부터 말하면 시대를 초월하여 꾸준히 읽히고 있는 고전을 접해야 합니다. "역사는 반복된다."는 말처럼 인간의 생은 고대로부터 본질은 변하지 않으며, 국가도 개인도 책 속의 비슷한 사건들에 의해 흥망성쇠를 반복합니다. 그러니 적극적으로 모든 장르의 고전을 독파해 나간다면 거의 자동적으로 사례 연구가 쌓여갑니다.

만약 고전을 읽는 데 거부감이 있다면 누군가의 인생을 간접 체험할 수 있는 작품(전기, 자서전 등)을 선택하면 됩니다. 구체적인 방법으로는, 우선 당신이 '이 사람의 인생을 간접 체험하고 싶다' 하는 인물을 특정하십시오. 공자든 나폴레옹이든 관심 있는 위인이나 성공한 사람 한 명을 골라봅시다.

다음으로는 선택한 인물에 관한 대표적인 자료를 찾고, 그중에서 처음 접근하는 관문으로 어울릴 만한 가장 재미있어 보이는 매체를 선택합니다. 예를 들면 자서전, 드라마, 영화, 만화라는 4가지 자료를 발견했고, 영화가 입문하기에 적절하다고 판단했다면 영화부터 보는 것입니다.

전체 흐름을 파악했다면 마지막으로 그 인물의 인생을 깊이 알 수 있는 책을 읽어봅시다. 물론 책을 읽지 않고 영화나 만화만으로도 인생을 간접 체험할 수 있다는 의견도 있을 것입니다. 하지만 진정한 사례 연구를 획득하고 싶다면 책의 존재를 무시해서는 안 됩니다.

왜냐하면 책은 다른 매체보다 압도적으로 정보량이 많아서 인생 연구 자료로 최적이기 때문입니다. 흥미를 갖게 하는 첫 관문으로서의 시식과 깊이 있게 맛보는 실제 식사는 전혀 다른 별개의 체험이듯, 책과 그 외의 매체는 분리해서 생각해야 합니다.

만약 한 달에 1인분의 사례 연구를 섭취할 수 있다면 연간 12인분의 인생을 접하게 되는 것입니다. 이를 습관화한다면 자신의 사고방식이나 마인드에 엄청난 변화가 생기리라는 상상은 어렵지 않게 할 수 있겠지요. 한 번뿐인 인생이니, 되도록 양질의 기출 문제를 많이 접하여, 멋진 인생을 얻으셨으면 합니다.

섬세한 마음의 미동을 피부로 느끼다

나쓰메 소세키의 데뷔작 《나는 고양이로소이다我輩は猫である》에 "태평스럽게 보이는 사람도 마음의 밑바닥

을 두드려보면 어딘가 슬픈 소리가 난다."라는 문장이
있습니다. 이 문장을 읽고 당신은 무엇을 상상하셨습니
까? 지인의 얼굴? 근무하는 회사 사장님의 얼굴? 아니
면 당신 자신입니까?

인간은 사람의 겉모습만을 보고 문득 '저 사람은
○○(이)다'라고 판단하기 쉽습니다. 그러나 인간은 본
래 그런 단순한 존재가 아닌, 겉에서는 보기 힘든 '마음'
을 지닌 복잡한 존재입니다. 단, 인간 마음의 섬세한 움
직임을 파악하기란 무척 예리한 감을 지닌 사람이 아닌
이상, 그리 간단하지 않습니다.

"자신감을 잃고 주눅이 들어있는 상태를 눈치 채지
못하고 괜히 압박하는 말을 해 버렸다.""그저 이야기
를 들어주려 했을 뿐인데 일방적으로 내 말만 늘어놓고
말았다." 이처럼 아무리 주의하더라도 상대방의 본심을
잘못 추측하여 의도치 않게 상처를 입힌 경험은 누구라
도 있을 것입니다.

'섬세한 마음의 움직임'을 감지하는 센서는 실생활

에서 몇 번씩 실패를 거듭하고, 상처를 주고받으면서 갈고닦아집니다. 하지만 실패와 상처를 대수롭지 않게 여길 만큼 모두가 그렇게 강한 정신 상태를 지니고 있지는 못합니다.

그렇기에 책 속 세계에서 섬세한 마음의 움직임을 간접 경험하며 착실하게 배워가는 것도 한 가지 책략이라고 할 수 있습니다. 그중에서도 명작으로 불리는 문학 작품, 소설 등은 인간의 섬세한 마음의 미동을 배우는 교과서로 가장 적절합니다. 거기에 등장하는 인물들은 당신을 대신하여 많은 희로애락을 연기해주기 때문에 그 세계에 흠뻑 빠져 감정 이입을 하게 됩니다.

물론 자신의 상황과 가까운 설정의 책이 아니더라도 괜찮습니다. 시대, 나라, 직업, 무엇이든 다른 인생의 유사 체험은 당신의 정신에 신선한 자극을 제공해줍니다. 평범한 생활에서는 보이지 않던 인간의 마음씨가 언어로 표현된 것이기 때문에 현실 세계와는 어딘가 다른 리얼리티를 경험하게 될 것입니다.

특히 오늘날은 서로 다른 차이와 개성을 존중하는 다양성의 시대입니다. 국내외를 막론하고 다양한 문학 작품이나 소설과 만나며 공감 능력을 키워두면 틀림없이 앞으로의 삶에 큰 자산이 될 것입니다.

시대의 문맥 장착하기

우리가 일상적으로 보는 영화, 드라마, 그림, 책 등 일반적으로 '작품'이라고 부르는 것들의 대부분에는 '시대의 문맥'이 흐르고 있습니다. 그 시대에 무슨 원인으로, 어떤 사건이 벌어졌으며, 그로 인해 사회가 어떻게 변화했고, 사람들은 어떤 삶을 살고 있는가. 작가는 이러한 시대 특유의 세계관이나 스토리를 작품 속에 녹여내 사람들에게 무엇인가 메시지를 전달하고자 합니다.

예를 들면 일본에서 크게 히트를 친 드라마 〈한자와 나오키半沢直樹〉, 장수 애니메이션 〈사자에씨サザエさん〉,

2020년에 영화로 만들어진 다자이 오사무의 《인간실격人間失格》. 이 세 작품의 세계관은 각각 다르지만 모두 '쇼와'라는 시대의 문맥이 흐르고 있다는 점에서 같습니다. 그러므로 이러한 작품이 던지는 메시지나 세계관을 이해하기 위해서는 적어도 쇼와라는 시대가 어떤 시대였는지를 알아두어야 할 필요가 있습니다.

덧붙이자면 이제 일본의 새 연호가 적용됐음에도 오늘날까지 아직 쇼와적 문맥이 건재한 이유는 그 나름의 사회적 니즈가 있기 때문일 것입니다. 쇼와 노스탤지어라는 말도 있듯이 옛날의 좋았던 시대의 향수를 기억하고 있는 중년층이나 레트로풍의 감성을 동경하는 청년층이 의외로 많이 있습니다.

그러나 당신이 '나의 세계를 넓히고 싶다.'라는 생각을 지니고 있다면 한 시대에만 편향되지 말고 여러 시대의 문맥을 알아두어야 합니다. 이로써 자신이 받아들일 수 있는 정보의 폭이 넓어지면 세계를 광범위하고 깊이 있게 통찰하게 됩니다.

그렇다면 구체적으로 어떻게 해야 '시대의 문맥'을 폭넓게 장착할 수 있을까요? 본심을 말하자면 고대부터 현대까지의 역사 참고서를 읽고 공부하는 것이 확실한 방법입니다. 하지만 그렇게까지 할 시간을 뺄 수 없는 사람은 '시대 전환기'에 주목하여 영웅전, 역사 소설, 시대 소설 등을 골라보는 것은 어떨지요. 시대의 매듭은 전후 관계가 확실하기 때문에 시대의 문맥을 읽어내기 쉽습니다. 특히 시대의 끄트머리에는 영웅들이 대집결하는 시대이며, 수많은 재미있는 이야기들이 있습니다.

대하드라마, 영화, 역사 소설 등에는 과거 시대를 무대로 한 작품도 많으니, 시대의 문맥에 대한 지식이 부족한 사람은 이 시대를 공략해 봅시다. 다만, 오락적 요소가 강한 역사 작품은 대개 역사적 사실을 완벽하게 재현하지는 않으므로 역사를 본격적으로 배우는 교과서라기보다는 어디까지나 흥미를 끌기 위한 관문 정도로 인식하고 보아야 합니다.

그밖에도 역사적 전환기를 무대로 한 작품은 무수

히 많이 존재합니다. 만일 자기가 부족하다고 여겨지는 시대의 문맥이 있다면 이러한 역사적 전환기에 주목하여 책 선택을 해 보는 것은 어떨까요?

책과 인터넷을 어떻게 구분해서 사용할까

인풋 행위는 책뿐만이 아닌 인터넷을 이용할 때도 적용이 가능합니다. 다만, 책과 인터넷 각각의 강점과 약점을 이해한 후에 지혜롭게 구분하여 사용해야 할 필요가 있습니다. 우선 책과 인터넷이라는 두 도구를 구분하는 가장 큰 포인트는 역할 분담을 명확하게 하는 것입니다. 어떨 때 책을 읽고, 어떨 때 인터넷을 사용할 것인가와 같은 자신만의 규칙을 스스로 만들어 두는 것입니다. 제가 추천하는 역할 분담은 아래와 같습니다.

- 책: 정확한 지식을 체계적으로 익히고 싶을 때 사용하는 도구

• 인터넷: 단편적인 정보를 빠르게 손에 넣고 싶을 때 사용하는
  도구

결국 체계적인 인풋은 책에 맡기고, 단편적인 인풋은 인터넷에 맡기는 것입니다. 이로써 두 도구의 강점이 균형 있게 발휘될 것입니다. 책의 강점은 누가 뭐래도 정보의 정확성과 신뢰성입니다. 인터넷과 달리 책은 아무나 정보를 발신할 수 있는 매체가 아니며 출판 전에 엄격한 편집 과정을 거칩니다. 따라서 다른 정보 매체에 비해 정확성과 신뢰성이 높다고 할 수 있습니다.

한편 인터넷의 강점이라고 하면 정보의 검색성입니다. 지금 당장 근처의 맛있는 레스토랑 정보를 알고 싶다거나, 즉시 어떤 단어의 의미와 유래를 조사하고 싶다거나 하는 단발적인 정보를 재빠르게 얻기 위한 수단으로 인터넷은 최적입니다.

그러므로 자신의 인생에 있어서 중요한 주제와 관련한 인풋은 책으로, 부족한 점(의미를 잘 모르겠는 단어

등)이 있다면 인터넷으로 검색하여 채워나가면 좋겠지요. 즉, 독서는 식사로, 인터넷은 보충제로 자리매김하는 것입니다.

다만, 알아두어야 할 것은 인터넷은 프로부터 아마추어까지 누구라도 정보를 발신할 수 있다 보니 옥석이 혼재되어 있는 세상이라는 사실입니다. 자신의 전문 분야에 관해서는 무엇이 옳고 무엇이 그른지 곧바로 구분할 수 있다지만, 모르는 분야라면 상당히 어렵습니다.

따라서 당신 자신의 인생과 자기 형성에 긴요한 주제를 설정했다면 부디 인터넷으로만 만족하지 말고 반드시 그 주제와 관련된 책을 마련하여 체계적인 지식을 익히도록 하십시오. 인터넷 세계는 인풋의 메인 스테이지로는 적합하지 않지만 아웃풋 '연마의 장'으로서는 최고의 환경입니다.

정리하자면 책도 인터넷도 일장일단이 있기 때문에 어느 쪽이 정답이라고 할 수는 없습니다. 지금 말씀드린 이야기를 참고로 하여 당신에게 가장 좋은 구분

방법을 찾아보시길 바랍니다.

난해한 책을 공략하는 비결

"이 작품이 좋다는 건 알고 있지만 저는 어려워서 읽을 수가 없어요." 지금부터 이러한 고민에 빠져 있는 사람을 대상으로 이야기를 해 보겠습니다. 독서를 해 본 적이 있으시다면 누구라도 난해한 책의 독해로 골머리를 앓거나 좌절해 본 경험이 있으실 것입니다.

먼저 난해한 책을 읽을 때 기억해야 할 2가지 사항이 있습니다. '난해한 책을 읽지 못하는 사람=독해력이 없는 사람'이 아니라는 것과 '난해한 책에는 패턴이 있다'는 것입니다. 순서대로 설명해 보겠습니다. 난해한 책 중에는 힘들더라도 꼭 읽어야 하는 양서도 있지만 단순한 이야기를 구태여 어려운 표현을 사용하여 의도적으로 이해하기 힘들게 쓴 책도 의외로 많습니다. 명저로 불리는 고전에서조차도 이런 심술궂은 작품이 있습니다. 그렇기 때문에 어려운 책이 읽기 힘들다고 해서 반드시 '나는 독해력이 없나 봐!' 하고 한숨 쉴 필요가 없는 것입니다.

다음으로 '난해한 책에는 패턴이 있다'는 점인데, 이 포인트가 특히 중요합니다. 만일 당신이 책을 읽다가 '이 책, 어려운 걸.' 하고 느꼈다면 지금부터 이야기할 3가지 패턴을 의심해 보시기 바랍니다.

첫 번째는 주제 자체가 어려운 패턴. 두 번째는 배경 지식을 모르는 패턴. 세 번째는 문장 자체가 어려운 패턴입니다. 당연히 이러한 패턴은 중복이 될수록 독해가 어려워집니다. 중요한 사항은 어떤 패턴 때문에 '어려움'이 증폭되는지 특정해야 한다는 것입니다. 그래야 문제를 하나씩 해결해 나갈 수 있기 때문이지요. 그렇다면 각 패턴의 공략 방법에 대하여 이야기하겠습니다.

① 주제 자체가 어려운 패턴

자신이 선택한 주제 자체가 미지의 난해한 학술 영역(철학·과학·경제학 등)이라면, 어떤 책일지라도 어렵다고 느낄 것입니다. 예를 들어 경제학에 관해 한 번도 배워본 적이 없는 사람이 다짜고짜 카를 마르크스의 《자본론資本論》에 도전한다면 높은 확률로 좌절하겠지요. 이러한 경우에는 자신이 읽고자 하는 책과는 별개로 그 주제와 관련된 세 종류의 책을 구해 보시기 바랍니다.

우선 '전체 구조를 쉽게 알 수 있는 책'입니다. 도해가 많고 해당 주제의 초보자라도 대략적인 개요를 그리기 쉬울 법한 책을 선택하면 좋습니다.

다음은 '쉬운 문장으로 쓰인 책'입니다. 자신이 읽고서 이해가 안 된다면 그 어떤 책이라도 의미가 없습니다. 해당 주제에 관한 기본 입문서, 만화판, 요약판 등이 있다면 적극적으로 활용하십시오.

마지막은 '자세한 내용을 알기 쉬운 책'입니다. 앞

에서 이야기한 두 종류의 책을 보았음에도 잘 파악이 안 되거나 좀 더 자세히 알고 싶은 내용이 생길 수 있습니다. 그럴 때 시도하면 좋은 비장의 방법으로, 두껍고 정보량이 많아 사전처럼 사용할 수 있는 한 권을 구비하는 것입니다.

일본 전설 속의 영웅인 모모타로가 '원숭이' '개' '꿩'이라는 개성이 서로 다른 친구들과 함께 도깨비 퇴치 여정을 떠난 것처럼, 잘 알지 못하는 주제를 정복하고자 할 때는 이 세 종류의 책을 동료로 삼아야 합니다. 이로써 혼자서는 공략이 곤란하다고 여겼던 영역의 책을 읽어나갈 수 있게 될 것입니다.

② 배경지식을 모르는 패턴

이 세상에는 배경지식 없이는 전혀 내용을 파악할 수 없는 책이 방대합니다. 예를 들면 독일의 사회학자 막스 베버의 《프로테스탄트 윤리와 자본주의 정신》이라는 작품은 서유럽에서 탄생한 자본주의 경제와 그리스도교 세계와의 관계성을 분석한 명저로 알려져 있습니다.

단, 이 책의 제목에서도 알 수 있듯이 그리스도교에 관한 지식은 본래 16세기에 유럽에서 일어난 종교 개혁의 문맥을 모르면 해석하기가 난해하겠지요. 또《프로테스탄티즘의 윤리와 자본주의 정신》뿐만 아니라 서유럽에서 탄생한 많은 작품은 그리스도교를 모태로 하고 있어서 관련 역사나 성경에 관한 교양이 일반 상식으로 요구됩니다.

이러한 경우는 책에만 국한되지 않습니다. 뉴스에서도, 예술에서도 배경지식이 없으면 전혀 이해할 수 없는 영역은 우리 주변에도 잔뜩 있습니다. 안타깝게도 이런 패턴에 관해서는 지름길이나 숨은 비법이라고 할 만한 것이 없습니다. 그 작품에 얽힌 배경지식을 조사하고 우직하게 공부해서 공략하는 수밖에 없습니다.

③ 문장 자체가 어려운 패턴

어려운 문장이란 세밀하게 분류하면 굉장히 많은 패턴이 나옵니다. 현대인들에게는 의미를 파악하기 힘든 문체로 쓰인 문장, 추상화 정도가 높은 논리적인 문장처럼 사람에 따라 여러 가지 모양의 어려운 문장이 존재합니다.

예를 들어 일본의 소설가 미시마 유키오가 즐겨 사용했던 문장 유형 중 하나로 '장식체(미문체)'로 불리는 타입이 있습니다. 이는 메이지 시대에 유행했던 문체로, 오늘날로 치면 탐미적이고 화려한 글을 주욱 써내려가는 형식인데, 문장을 아름답게 보이도록 하는 기법입니다. 확실히 장식체는 선명한 영상이 떠오르는 듯한 분위기를 자아내지만 사람에 따라서는 오히려 너저분하게 보여 핵심을 파악하기 힘들다고 느끼는 사람도 적지 않습니다.

이처럼·현대적이지 않은 문체가 사용된 명작에 도전할 때는 읽기 전에 미리 어떤 줄거리인지 조사해 두면 도움이 됩니다. 앞에서도 말씀드렸습니다만, 결말을 알아 두면 문장을 읽기 쉬워집니다. 또 추상적인 표현이 많으면서 논리적인 문장은 머릿속에서 구체적인 이미지가 떠오르지 않아 고생하는 분이 많습니다. 이런 패턴은 평론이나 철학 분야의 책에서 잘 나타납니다.

여기서 중요한 것은 저자의 주장을 오해하지 말아야 한다는 점입니다. 제3장에서 필자의 주장에 밑줄을 긋자고 말씀드렸는데, 이 기술은 추상화 정도가 높은 논리적인 문장에 맞닥뜨렸을 때 진가를 발휘합니다. 그럼에도 저자의 주장을 올바르게 따라가지 못할 경우에는 '대비'에 주목하면 읽기가 수월해집니다. '대비'란 자신의 주장과 정반대의 의견을 일부러 차용하여 비판함으로써 자신의 주장을 돋보이게 하는 문장 기법의 하나입니다.

특히 사회를 향해 강력한 메시지를 내놓는 작품의 대부분은 높은 빈도로 대비를 활용하고 있습니다. 따라서 이러한 대비 구조에 주목하여 저자의 주장에는 '빨강', 대비되는 의견에는 '파랑'으로 색을 구분하여 밑줄을 긋는 것입니다. 그러면 책 전체가 빨강과 파랑으로 대비되기 때문에 저자가 무엇을 주장하고 있으며 무엇에 반대하고 있는지 한눈에 들어오게 되고, 난해한 책일지라도 저자의 주장을 무난하게 간파할 수 있게 됩니다.

만약 스스로 이 테크닉을 시도해 보려 한다면 쇼펜하우어의 《쇼펜하우어 문장론》을 추천합니다. 작품 자체가 짧고 지나치게 어렵지 않으며, 논리 구성이 또렷하기 때문에 연습 교재로 매우 적합합니다.

마무리할 시간을 의식하라

"여름방학 숙제, 대학 리포트, 회사 프레젠테이션 자료…… 집중하면 금방 끝날 수 있을 것 같은 작업인데도 결국 마감 시간 직전까지 아슬아슬하게 붙잡게 된다." 누구라도 이런 경험 해본 적 있지 않으십니까? 빨리 끝내버리면 마음도 편하고 자유 시간도 늘어난다는 사실이야 머리로는 알고 있습니다. 하지만 그게 어쩐 일인지 마음대로 안 됩니다. 도대체 왜 그럴까요?

바로 영국의 역사학자이자 정치학자인 파킨슨이 주장한 '파킨슨의 법칙'의 덫에 걸렸기 때문입니다. 파킨슨은 자신의 저서 《파킨슨의 법칙》에서 "업무의 양은 완성을 위해 주어진 시간을 전부 채울 때까지 팽창한다."라고 이야기합니다. 즉, 인간은 시간을 주어진 만큼 끝까지 채워 사용하고야 마는 존재라는 것입니다. "퇴근 시간을 정해 두지 않고 잔업을 한 결과, 쓸데없이 많은 일을 해 버렸다……." 회사원이라면 이런 경험을 몇 차례고 해 보지 않으셨습니까?

따라서 인풋을 할 때는 반드시 시간제한을 두어야 합니다. "이 기사는 5분 동안 읽고, 이 신문은 15분 동안 읽고, 이 책은 3시간 동안 읽기." 이처럼 어떤 인풋을 하든지 '마무리할 시간'을 의식하는 것이 무엇보다 중요합니다.

적당한 시간제한은 뇌에 부하가 걸리게 하기 때문에 집중력 상승으로도 이어진다는 사실이 많은 연구를 통해 증명되었습니다. 시간제한이 없는 인풋은 파킨슨의 법칙의 덫에 빠져 소중한 아웃풋 시간을 빼앗아버리기 때문에 주의하시기 바랍니다. 또 '마무리할 시간'을 의식해야 하는 포인트가 한 가지 더 있습니다. 바로 당신의 '인생'입니다.

'메멘토 모리memento mori'라는 단어를 아십니까? 이 말은 고대 로마 시대에 탄생한 경구로, 번역하면 '죽음을 기억하라.'라는 뜻입니다. 일설에 의하면 전쟁에서 승리한 개선장군의 퍼레이드에 사람을 고용하여, 뒤에서 '메멘토 모리'라고 외침으로써 장군의 들뜬 기분을 가다듬도록 하는 역할을 수행했다고 합니다.

결국 인생을 '마무리할 시간'을 상기시켜 마음에 빈틈이 생기지 않도록 함과 동시에 중요한 시간을 낭비하지 않도록 한 것입니다. 절세의 영웅이라고 할지라도, 제일가는 부자라고 할지라도 인생은 한 번밖에 살 수 없습니다. 그렇기에 후회하지 않도록 시간을 제대로 사용해야 합니다.

일생 동안 읽을 수 있는 책에는 한계가 있습니다. 그러나 책이 우리에게 선사하는 가능성에는 한계가 없습니다. 그러므로 다른 사람에게 웃음거리로 보이는 꿈일지라도 책을 아군 삼아 계속해서 도전하십시오. 지금 아무리 불안하고, 자신이 없고, 고독하고, 울고 싶은 상태일지라도 책만은 언제나 당신 편입니다. 괴로울 때 혼자 끌어안고 가지 마시길 바랍니다.

자, 저는 이제 슬슬 이쯤에서 떠나려 합니다. 가능하다면 조금 더 함께 하고 싶었습니다만, '마무리할 시간'이 다가와 버렸네요. 지친 다리의 피로가 가시면, 조금 더 여행을 이어가 보십시오. 지는 당신을 지켜보겠습니다. 걱정 없습니다. 이 책을 끝까지 읽어 오신 당신이라면 분명 괜찮을 것입니다.

상상조차 할 수 없던
인생의 문을 여는 독서

저는 본래 독서를 싫어했던 사람이었습니다. 솔직히 말하면 고등학교 2학년 때까지 만화책 정도밖에 읽지 않았고 학교 교과서조차 제대로 읽어본 적이 없습니다. 그랬던 제가 문학부에 진학하고, 서평 유듀버YouTuber가 되어 독서법에 관한 책을 쓰게 될 것이라고는 상상도 하지 못했습니다.

출판 관련 연락을 받았을 때는 '나 같은 사람이 받아들여도 괜찮은 걸까?' 하고 진지하게 고민했습니다.

아시다시피 저는 대학 교수도 아니고, 경제적으로 성공한 사람도 아닙니다. 어디에서나 볼 수 있는 평범한 회사원입니다.

그럼에도 '해 보자!'고 마음먹을 수 있었던 이유는 제가 '문학부에 지원할 거야.' 하고 결단한 '그 날의 기억'이 선명하게 떠올랐기 때문입니다. 그 기억은 고등학교 3학년 봄, 은사님과 나누었던 몇 분 정도의 짧은 대화입니다. 많은 학생을 지도하고 계셨던 선생님이셨으니 학생 한 명과의 대수롭지 않은 대화였을지 모릅니다. 하지만 그 대화는 저의 인생을 바꿔준 잊을 수 없는 사건이었습니다(이하, 아바＝아바타로).

은사님   어느 대학에 갈지 진로는 정했어?

아바   아니요, 아직요. 애초에 제가 대학에 가야 하는지 고민도 되고요.

은사님   그게 무슨 소리야, 왜?

아바   특별히 공부하고 싶은 것도 없어요. 경제든 법률이든 어떤 것에도 흥미가 없거든요.

은사님   그렇구나. 그것 참 고민이네. 그런데 너 책은 좋아하니?

아바   전혀요. 오히려 싫어하는데요.

은사님   그럼 평소에 책은 전혀 안 읽겠구나.

아바   네. 안 읽어요.

은사님   그렇구나. 왜 독서가 싫은데?

아바   잘 모르겠어요. 어쨌든 싫은 건 싫은 거니까요.

은사님   그런데 나는 네가 책을 싫어하는 사람으로 보이지는 않는 걸.

아바   어, 왜 그렇게 생각하세요?

은사님   그게 말이지, 책을 전혀 읽지 않는 사람이 어떻게 책을 싫어할 수가 있지?

아바   그, 그건……. 그래도 좋아하지 않는 건 확실해요.

은사님   자, 네가 책을 싫어한다고 말하는 이유가 뭐라고 생각하니?

아바   모르겠어요.

은사님   바로 그거야.

아바	네?
은사님	지금 너는 "모르겠다."라고 대답을 했지. 결국 너는 스스로도 잘 모르는 이미지에 대해 "싫다."라는 단어로 표현한 것이 아닐까?
아바	듣고 보니 그럴지도 모르겠네요. 그렇다면…… 저는 책을 싫어하는 사람이 아니라는 말씀이신가요?
은사님	그렇지. 왜냐하면 자신이 모르는 것을 싫어할 수는 없잖아. 모르기 때문에 하여간 책 같은 건 다 시시하고, 의미 없을 테고. 그래서 나는 그걸 싫어한다고 여기는 상태가 되어 버렸을 뿐이라고 생각해.
아바	그러고 보니 저는 책 자체가 싫다기보다 책을 읽지 못하는 저 자신, 이해하지 못하는 제가 싫은 것일지도 모르겠어요. 현실을 직시하기가 두려운 거예요, 분명.
은사님	그렇구나. 나는 이 정도도 이해하지 못하는 건가 싶은 마음에 질책한다는 거구나.
아바	네. 저는 옛날부터 그 무엇보다 저 자신이 싫었어요. 친구도 없고, 잘하는 것도 하나 없는 쓸모없는 인간인 걸요.

은사님	나는 절대로 네가 쓸모없는 인간이라고 생각하지 않아. 그것도 방금과 마찬가지야. 네가 스스로를 모르고 있을 뿐이지.
아바	아니요, 선생님. 저는 제가 제일 잘 알아요!
은사님	그래. 너는 너 스스로를 잘 알고 있다고 그렇게 자각하고 있구나.
아바	당연하죠. 저 자신에 관한 거니까요!
은사님	그런데 방금은 네가 책을 싫어하는 이유에 대해 몰랐잖니.
아바	그건 그렇지만……. 그래도 선생님! 저는 주변 사람 모두가 가진 것을 가지고 있지 않은 불행한 인간이라고요. 그것만은 분명해요!
은사님	너는 다른 사람들이 가지고 있는 것을 다 가지고 있으면 반드시 행복해진다고 생각하고 있는 거야?
아바	그, 그건 조금 다른 이야기라고 생각하는데요.
은사님	자, 그럼 너에게 행복은 무엇일까?
아바	음…… 모르겠어요. 뭘까요?

은사님	미안, 미안. 너무 질문을 계속해 버렸지. 기분 나빠하지 말아 줘. 네가 한 가지 커다란 오해를 하고 있는 것 같아서 말이야.
아바	오해요?
은사님	응. 너는 분명 '모르는 것'에 관해 오해를 하고 있는 것 같아.
아바	그게 무슨 말씀이세요?
은사님	잘 들어봐. 모르는 것은 나쁜 것도, 무서운 것도, 부끄러운 것도 절대 아니야. 중요한 건 '자신이 모른다'는 사실을 '자각'하는 거지.
아바	선생님이 무슨 말씀을 하시는지 제 머리로는 명료하게 이해가 안 되네요.
은사님	미안하구나. 설명이 부족했어. 잘 봐. '이걸 알고 싶어!' 하는 생각이 강하게 들 때가 언제야?
아바	글쎄요. 제가 본 적도, 들은 적도 없는 것을 보았을 때이지 않을까요?
은사님	그럴 수 있지. 결국 인간은 '무지에 대한 자각'을 하면 호

기심이나 탐구심이 생기는 거야. 그래서 인류는 진보해
온 거고.

아바   저는 '책'에 관해서도, '자신'에 관해서도 무지하다는 자
각을 하지 못했다는 말씀이신가요?

은사님   그렇지. 모르면서 알고 있는 듯이 행동한 거야.

아바   그래서 저는 상상만으로 책은 시시한 것이고 나는 쓸모
없는 인간이라고 단정 지었다는 거고요?

은사님   맞아. 모르는 것을 방치하면 상상으로 보충할 수밖에 없
겠지. 책이 재미있는지 아닌지는 읽지 않으면 모르고, 쓸
모없는 인간인지 아닌지는 오래 살아보지 않으면 모르
지 않겠니? 무서워하지 말고 더 알려고 해도 괜찮아.

아바   잠깐만요. 저 벌써 고3인데요. 너무 늦게 깨달은 것 아닌
가요?

은사님   응? 늦다니 뭐가?

아바   그게, 다른 애들은 저보다 먼저 알아서 책도 읽고 공부도
하고 있잖아요.

은사님   아, 비교를 해서 초조해지는 거로구나. 그런데 네 인생이

누군가와 겨루어 승패를 결정지어야 하는 경기라고 생각하니?

아바   아니요. 그렇지는 않죠.

은사님   그래. 그럼 다른 사람과 비교할 필요는 없는 거네. 됐어, 그럼. 너는 그저 너이면 되는 거야. 자신의 인생은 자기만의 속도로 사는 거지.

아바   선생님, 저, 결정했어요.

은사님   무슨 말이야, 갑자기?

아바   저, 문학부에 지원할래요.

은사님   음…… 왜?

아바   직시해 보려고요. 어쨌든 저라는 인간에게는 책이 완전 모자라요. 그것만은 알았어요. 그래서 저는 책에 흠뻑 잠기는 환경으로 가볼래요.

은사님   그렇구나. 네가 스스로 정한 거라면 응원할게.

아바   아, 그런데 선생님. 문학부에는 책을 좋아하는 사람이 많겠죠? 저 같은 사람이 가도 괜찮을까요? 수업을 못 따라갈 수도 있고, 친구들과 어울리지 못할 수도 있고요.

은사님	이것 봐, 바로 그런 부분이야!
아바	네?
은사님	너는 네 미래를 알고 있어? 타임머신이라도 타고 다녀온 거야?
아바	아니요, 아무것도 모르죠.
은사님	그것 봐. 네가 알지 못하는 세상을 두려워 할 필요 없잖아.
아바	네.
은사님	내가 너한테 약속 하나 할게. 너는 언젠가 네가 상상하지 못한 '새로운 자신'과 만나게 되는 날이 올 거야.
아바	정말이요? 저 같은 사람도 괜찮은 거예요? 진짜로 믿어도 될까요?
은사님	당연한 것 아니겠니. 네가 몇 살이어도 상관없어. 괜찮고 말고!
아바	감사합니다. 어쩐지 안심이 되네요.
은사님	그 대신 앞으로의 인생에서 무슨 일이 있더라도 지금부터 말하는 2가지 약속을 지켰으면 해.

아바　　약속이요?

은사님　　모르는 것을 무서워하지 말 것. 알고자 하는 노력을 게을
　　　　　리하지 말 것. 알겠지?

아바　　알겠습니다.

은사님　　그래. 너는 무슨 일이 있어도 괜찮을 거야.

　그 날로부터 벌써 20년의 세월이 흘렀습니다. 하지
만 저는 선생님과 한 약속을 잠시도 잊은 적이 없습니
다. 고등학교를 졸업한 후에도 모르는 영역을 두려워하
지 않고 도전했으며, 알고자 하는 노력을 게을리하지 않
았고, 꾸준히 책을 읽었습니다. 우울증에 걸려서도, 백
수가 되어서도 초조해하거나 비교하지 않고 저만의 페
이스를 놓치지 않으며 계속 나아갔습니다.

　그리고 지금, 드디어 제가 상상도 하지 못했던 '새
로운 나 자신'으로 다시 태어난 것을 온몸으로 실감하고
있습니다. 여기서 새로운 나 자신이란, 결코 세상의 칭
찬 세례를 받는 성공한 사람의 모습은 아닙니다.

이 세상에 태어나 첫 울음을 울었던 순간의 나. 그저 순수하게 지금을 살아가는 있는 그대로의 나. 그 모습이야말로 선생님이 저에게 가르쳐주고 싶었던 '새로운 나 자신'이었음을 깨달았습니다.

저를 바꾼 것은 틀림없이 '독서'입니다. 하지만 선생님을 통해 독서가 좋아지게 된 계기를 얻지 못했다면 저는 저 자신을 재발견하기는커녕 목숨마저 내던졌을 것입니다. 그래서 저는 출판에 관한 이야기를 들었을 때 각오를 다졌습니다.

'선생님께서 나에게 해 주셨던 일을 이번엔 내가 하겠다.'라고 말이죠. 만일 당신이 다가올 인생이라는 긴 여행이 아무리 내키지 않더라도 절대 먼저 여행을 끝내지는 마십시오. 느리더라도, 잠시 쉬더라도 좋으니 자신만의 속도로 나아가십시오. 지금이 아무리 힘들고 괴롭더라도 당신은 정말 괜찮습니다.

왜냐하면 몇천, 몇만 권의 책이 당신 편이기 때문입니다. 상상조차 하지 못한 인생의 문이 열리는 순간은